お金のしつけと子どもの自立

マンガで楽しくレッスン！

金銭感覚を身につけさせる50のポイント

子育てグッズ＆ライフ研究会［編］
寺島令子［マンガ］

合同出版

はじめに

　少子化の影響で、両親のほか双方の祖父母と、6つのポケットを持つようになった子どもたちのおこづかいは潤沢です。未婚率の上昇とともに、シングルを謳歌するおじさんやおばさんのいる子どもも増え、いまでは10ポケットとも呼ばれるようになりました。

　そんな子どもたちは、消費社会では一人前のお客さまです。テレビのアニメでは番組と同じキャラクターを使った商品のコマーシャルが流れ、子どもの購買意欲をそそります。お金があれば、「欲しいモノが買える」、「おいしいモノが食べられる」、「おしゃれもできるし、遊園地やゲームセンターで遊べる」ということを、子どもはみな知っています。

　同時に、「モノやお金を大切にしなくなった」、「遊ぶ金欲しさの非行が増えた」、「ゲームや携帯電話でトラブルに巻き込まれた」といった声が聞かれて久しくなります。家庭のしつけの問題にされがちですが、お金やモノのあふれる時代に、子どもにどんな教育をしたらよいのか、親もとまどっているのが現状だと言えるでしょう。

　私たち「子育てグッズ＆ライフ研究会」は、消費生活アドバイザーのグループです。メンバーは全員、0歳から中学生までの子どもを持つ現役の母親で、1994年の発足から、育児グッズや子どもの安全など、日々の生活の中で気になることをテーマに調査や研究を行っています。子どもの成長に伴い、お金とのつきあい方をどう教えるかが大きなテーマとなり、2001年の春から2002年の春にかけて、全国の幼稚園児以上の子どもを持つ家庭と小学生に、アンケート調査を実施しました。

　この本では、アンケートに寄せられた事例をもとに、家庭ですぐに実行できるお金のしつけ方を具体的に紹介しています。将来子どもが自立し、自分をコントロールしながら健全な社会生活を送るためのはじめの一歩として、見通しを持ったお金の学ばせ方を提唱しました。子どもにお金のありがたみと、お金では買えないものの大切さを伝えるために、この本が役に立つことを願っています。

子育てグッズ＆ライフ研究会

この本のポイント

5つの構成とその内容

　この本では、家庭で子どもにお金とのつきあい方を教えるときに役立つヒントを、以下の5つの構成でまとめています。

　第1章 お金を与える ── おこづかいやお年玉、プレゼントのあり方から、お手伝いや祖父母とのつきあい方まで考えてみました。

　第2章 お金を使う ── お買い物やおつかいを通して子どもに教えたいこと、おこづかいの管理と有意義な使いみちについて触れています。

　第3章 お金を貯める ── 何のために、どうやって貯めるのかを子どもに伝えるためのアイデアを紹介するとともに、金融のしくみをわかりやすく解説しています。

　第4章 イマドキの子どものお金事情 ── 子どもをターゲットにする現代消費社会の問題点を取り上げ、しつけの観点からどうとらえればよいのか考察してみました。

　第5章 子どもに関する経費をつかむ ── 各種データをもとに、家計の中で子どもにかかるお金を取り上げています。

　ワンポイントアドバイスでは、押さえておきたい要点とともに、困ったときの具体的な処方せんとして利用できるよう、親のことばがけや態度について考えてみました。コラムや統計では、親が子どもに説明するときのバックグラウンドとなる基本的な知識を盛り込んでいます。

事例について

　この本で取り上げている事例は、子育てグッズ＆ライフ研究会のメンバー自身の体験や友人・知人などの体験、また、協力していただいたアンケートの自由記述に寄せられた体験をもとにまとめたものです。取材を通して得た豊富な事例の中から、「わが家の場合」に当てはめて読むことができるよう工夫して選びました。

　登場する子どもの年齢は、幼稚園／保育園に入園する3歳児から小学校高学年までで、項目ごとに、子どもの性別や年齢が偏らないよう配慮しています。内容によっては、よちよち歩きの赤ちゃんや中学生の事例も取り上げました。子どもが成長するにつれて、教えておきたいことや遭遇するトラブルも変わってきます。お子さんの年齢に応じてつぎの段階へとステップを踏む参考としてください。

　また、きょうだいのあるなしや、祖父母と同居の場合など、さまざまな家庭環境の事例を紹介できるよう心がけました。事例の中で共感する部分があれば、真似してみるのもよい方法です。

　しかし、紹介した事例は正解ばかりではありません。明らかに誤った対応をしていたり、問題を投げかけるだけで終わっているものもあります。わが家ではこんな場合、どんな対処をしたらよいか、考えるきっかけとしてご活用ください。

統計とアンケート

　付録として、子育てグッズ＆ライフ研究会が調査したアンケート結果を掲載しました。各種機関の統計データとともに本文の中で随時引用し、「よその家庭ではどうしているの？」という疑問に答える内容となっています。

　多数派の中にいるとつい安心してしまいがちですが、「みんなと同じだから正しい」とは言えません。子どもとお金に対して、現代の多くの家庭が抱えている問題が、傾向として浮かび上がっている状態とも読み取れるからです。

　この本で紹介する統計やアンケートを、お金について、子どもに何を伝えたらよいかを知るためのデータベースとして活用いただけることを願っています。

CONTENTS

　　はじめに ……………………………………………………… 3
　　この本のポイント …………………………………………… 4

第1章　お金を与える

- **01**　おこづかいのやりくりは生きた学習体験 ………… 10
- **02**　おこづかいは何歳から？ …………………………… 12
- **03**　おこづかいの与え方①　定期的に決まった額を …… 14
- **04**　おこづかいの額はいくらにする？ ………………… 16
- **05**　おこづかいの与え方②　報酬やごほうびとして …… 18
- **06**　おこづかいの与え方③　必要なときに必要な額だけ … 20
- **07**　イベント時のおこづかい …………………………… 22
- **08**　お年玉はいくら？ …………………………………… 24
- **09**　お誕生日のプレゼント ……………………………… 26
- **10**　クリスマスプレゼント ……………………………… 28
- **11**　どう対処する？　祖父母の厚意 …………………… 30
- 　★コラム　ときには年金の話も ……………………………… 32

第2章　お金を使う

- **12**　子どもと一緒にお買い物に行こう！ ……………… 34
- **13**　お買い物のコツ①　商品選びの基準を持つ ……… 36
- **14**　お買い物のコツ②　値段を比べる ………………… 38
- **15**　お買い物のコツ③　表示を見る …………………… 40
- **16**　消費税について ……………………………………… 42

17	払ったお金はどこへ？	44
18	初めてのおつかい	46
19	おつかい失敗談	48
20	おこづかいの使いみち	50
21	欲しいモノと必要なモノ	52
22	お年玉の管理と使いみち	54
23	おこづかい帳をつけよう！	56
24	おこづかいが足りなくなったら……	58
25	お友だちのお誕生日会に呼ばれたら……	60
26	家族の記念日に	62
27	子どもに教えたい寄付と募金の意味	64
★コラム	各国のお年玉事情	66

第3章　お金を貯める

28	目的を決めよう！	68
29	貯金箱を使おう！	70
30	通帳をつくってみよう！	72
31	口座を開いたら……	74
32	銀行と郵便局のしくみ①　預けたお金はどこへ？	76
33	銀行と郵便局のしくみ②　利息について	78
34	貯金をおろす	80
35	各種カードの役割を知ろう！	82
★コラム	若者のカード破産	84

第4章　イマドキの子どものお金事情

- 36　家庭によって異なる子どもの金銭感覚 …………… 86
- 37　お茶の間に浸透するキャッシングＣＭ …………… 88
- 38　イマドキのコンビニエンスストア ………………… 90
- 39　レジのまわりは誘惑だらけ ………………………… 92
- 40　ついつい癖になるガチャガチャ …………………… 94
- 41　カード類の収集 ……………………………………… 96
- 42　避けては通れないゲーム文化 ……………………… 98
- 43　持たせる？　持たせない？　携帯電話 …………… 100
- 44　お友だちにおごられたとき ………………………… 102
- 45　お友だちとのお金の貸し借り ……………………… 104
- 46　盗みと万引き ………………………………………… 106
- ★コラム　ネット犯罪に巻き込まれないために ……… 108

第5章　子どもに関する経費をつかむ

- 47　子どもの養育費 ……………………………………… 110
- 48　子どもの教育費 ……………………………………… 112
- 49　将来かかる教育費 …………………………………… 114
- 50　子どものための保険 ………………………………… 116
- ★コラム　賢く利用したい各種助成制度 ……………… 118

付録1　子どもとお金に関するアンケート調査結果 …… 119
付録2　子どものお買い物に関するアンケート調査結果 … 121

参考文献・資料 …………………………………………… 123
あとがきにかえて ………………………………………… 124

第1章
お金を与える

　適切な金銭感覚を身に付け、お金としっかりつきあう大人になるためには、小さいころからのお金に関するトレーニングがとても大切です。

　この章では、おこづかいやお年玉、お誕生日やクリスマスのプレゼントなど、子どもへのお金やモノの与え方について考えてみましょう。ここに紹介するさまざまな事例やアイデアから、ご家庭に合ったトレーニング方法を考えてみてください。

第1章　お金を与える

01 おこづかいのやりくりは生きた学習体験

子どもにおこづかいを与えるのは大切なことです。なぜなら、限られたおこづかいでのやりくりを通して、モノの価値を判断する力を養い、ガマンも必要だということをおぼえ、さらにはお金の大切さを学ぶからです。

お金を大切に使うようになる

　5歳の誕生日を迎えたAちゃんは、毎月300円のおこづかいをもらうことになりました。初めて手にした自分のお金で、ずっと前から欲しかったキャラクターのおえかき帳とえんぴつをいっぺんに買ったAちゃん。「おこづかいって何でも欲しいモノが買えていいものだなぁ」ととても喜んでいました。
　ところがつぎの日、お母さんと一緒に夕飯のお買い物に行ったAちゃんは、いつものように10円キャンディをおねだりしましたが、この日のお母さんはいくらおねだりしても買ってくれません。
　お母さんから、お金は使えばなくなること、なくなったらつぎのおこづかいまで欲しいモノをガマンしなければいけないことを教えてもらったAちゃんは、翌月から一度に300円使うことはなく、欲しいモノや値段を考え、少しずつ使うようになりました。

責任を果たすようになる

　小学5年生のBちゃんは、自分で育てる約束でハムスターを飼うことにしました。えさやチップ、トイレの砂などもぜんぶ週300円のおこづかいの中でやりくりしなければならないので、毎月買っていた雑誌もガマンして、特別に欲しい付録がつく月だけ買うことにしました。

　自分が世話をしなければ死んでしまうので、Bちゃんは真剣です。1年たったころには、自分が育てたと自信を持って言えるようになりました。お父さんとお母さんの気持ちも、ちょっぴりわかったような気がします。

お金を得るための苦労を知る

　C君のおこづかいは、小学3年生になったときからポイント制に変わりました。家事のお手伝いをすると、1回につき1点10円のおこづかいポイントが貯まり、月の最後の日に、その月のポイント数に応じた金額をおこづかいとしてもらうというものです。

　去年までは何もしなくても、月末が来ると300円をもらっていたC君。最初はとても不満そうで、イヤイヤお手伝いをしているようでしたが、やればやるほどおこづかいをたくさんもらえるし、お父さんやお母さんも喜ぶということに気づいてからは、トイレ掃除やお風呂掃除、おつかいなどを率先してやるようになりました。

アンケートから

　子育てグッズ＆ライフ研究会が2001年3月に実施した「子どもとお金に関するアンケート調査」では、おこづかいの善し悪しについて以下のような回答がありました。
　（　）内の数字は、回答者数120名に対する回答率です。

● おこづかいをあげてよかった点
- お金の大切さや使いみちを考えるようになった（23.3％）
- ガマンすることをおぼえた（10.0％）
- お金を工夫して使うようになった（6.7％）
- 計算に強くなった（2.5％）
- 友人や家族へのプレゼントを買った（0.8％）
- 自由にお金を使うことを楽しんでいる（0.8％）
- 自信をつけたようだ（0.8％）

● 悪かった点
- 特になし（11.7％）
- お金に執着したり、換算するようになった（7.5％）
- もらったお金を全部使いきった（5.0％）
- マンガやお菓子などにお金が消えてしまう（4.2％）

第1章　● お金を与える

ワンポイントアドバイス

親子でトレーニング！

　「うちの子はまだ小さいから、お金の管理なんてとてもできないわ」などと思っていませんか？　また、おこづかいを全部使ってしまったら、必要に応じてお金を、あるいはモノを与えてもいいと思っていませんか？

　小さいうちに失敗したり、いろいろ経験することは、お金としっかりつきあう大人になるためのトレーニングになります。おこづかいの与え方や使いみち、管理方法などについて親子で十分に話し合い、ルールを決めて、ぜひ親子でおこづかい制度に挑戦してみてください。

第1章　お金を与える

02 おこづかいは何歳から？

「数字が読めて、数の大小がある程度わかりはじめた子ども」なら十分でしょう。たし算や引き算ができなくても大丈夫。おこづかいは、数字に興味を持つ絶好の機会にもなりますし、社会のしくみに目を向ける第一歩にもなります。

お金の計算ができる

　幼稚園年少さんのAちゃんは、小学生のお姉さんがおこづかいをもらうようになったので自分も欲しくなり、玄関の靴並べをする約束で1週間に200円もらうことになりました。毎週土曜日に、お母さんの小銭入れから10円玉や50円玉、100円玉などを選び、自分で200円分になるように硬貨を組み合わせます。

　はじめは間違ってばかりいましたが、お母さんと一緒に数えているうちに、お金の数え方がわかるようになりました。お買い物をするときも、値段と手持ちのお金を比べて足りるかどうか、どれだけおつりがもらえるかがわかるようになり、お財布の中のおこづかいで買えないモノをむやみにねだることがなくなりました。

約束事を決める

　小学1年生のB君は、小学校入学を機に、1週間に2回お風呂掃除をする約束で、毎月300円のおこづかいをもらうことになりました。おこづかいで好きなガチャガチャをやることもできるし、お菓子だって買うことができるようになり、大満足のB君。でも、約束したお風呂掃除を1回忘れるたびにおこづかいから10円引かれるというルールなので、絶対に忘れないようにカレンダーに大きな印をつけてがんばっています。

　もらったおこづかいを何に使うかは自由ですが、何を買ったか報告することと、おこづかい帳をつけることがもうひとつの約束です。

計画的に使うようになる

　小学4年生のC君は鉄道マニア。3年生のころ、お誕生日やクリスマスのプレゼントだけでなく、欲しいときに自由に好きな鉄道雑誌が買えるようになりたいと思い、自分から両親におこづかいが欲しいとお願いしたところ、毎月500円もらえることになりました。

　けれども、C君の読みたい雑誌はひと月分のおこづかいより高いので、毎月は買えません。そこで、どうしても欲しい号だけ買うようにし、買わなかった月は、鉄道模型を買うために貯めることにしました。

アンケートから

　子育てグッズ＆ライフ研究会の「子どもとお金に関するアンケート調査」（2001年3月調べ）では、おこづかいを与えはじめる年齢は小学3・4年生が多く、つぎに1・2年生となっています。

　3・4年生にもなると、欲しいモノを自由に買いたいという意識が強くなってきます。この時期に、そろそろお金の管理を始めさせたいと思ったり、おこづかいを与えることによってお金について話し合ういい機会になると思う親が多いようです。

　逆に幼稚園児などは小さくてお金の価値を理解できないので、必要ないと考えている人が多いようです。

ワンポイントアドバイス

わが家のルールを決めましょう

　おこづかいに関するルールを親子で話し合って決め、守らせることが大切です。たとえば、子どもが小さければ、お母さんやお父さんと一緒のときだけ使う、お金はお財布に入れて持ち歩く、必ずレシートをもらうなどの約束事を決め、一緒にお買い物をしながら一つひとつ確認しましょう。

　小学生になったら、ある程度自由に管理させ、自分で考えて自分で決めていくようにさせたいものです。たとえば、おこづかいの一部は貯金する、文房具はいいけど食べ物はダメ、など使う範囲を決めます。また、お友だちに貸したりおごったりはしない、おこづかい帳をつける、足りなくなっても途中で足さないなどの決まりをつくったうえで、買ったものが必要だったかどうかなど、親子で話し合う時間を持ちましょう。

第1章　お金を与える

03　おこづかいの与え方 ❶
定期的に決まった額を

　定額制のおこづかいは、お金の管理を学ぶとてもよいトレーニングになります。おこづかいを何に使えば自分が一番満足できるかを、子ども自身に考えさせましょう。その過程でガマンすることをしっかり身に付けさせたいものです。

初級編：まずはお買い物時から

　そろそろ字が読めるようになってきたA君は、もうすぐ小学1年生。お母さんと夕飯のお買い物に行くたびに30円をもらい、帰りに駄菓子屋さんへ寄って好きなお菓子を買うのをとても楽しみにしています。

　今日は21円のアメを買いました。おつりでもらった9円はA君のもの。今度のお買い物のときにもらう30円に足して使えるように、大切にお財布にしまいました。

　家に帰ってお財布の中身を見ると、1円玉がたくさん入っています。枚数を数え、27枚あったので、お母さんに20枚分を10円玉2枚に替えてもらいました。

　お菓子の値段を調べ、持っているお金でどのお菓子が買えるかまでわかるようになってきたA君。お母さんが心配していたレジでの支払いも、最近ではもたつくことなく上手にできるようになりました。

中級編：1週間のやりくり

　小学3年生のB子ちゃんは、毎週月曜日におこづかいを300円もらっています。お友だちの中にはひと月で300円という人もいますが、B子ちゃんの家では、文房具や遠足のおやつも自分のおこづかいの中で買うことになっているのです。

　先日、B子ちゃんは近くのスーパーにえんぴつを買いに行きました。一番欲しいと思ったえんぴつは1本50円。でも、1本35円のセール品もありました。もうすぐ遠足もあるので、おこづかいを残しておかなければなりません。B子ちゃんは、あまり好きではないセール中のえんぴつと一番好きなキャラクターえんぴつを2本ずつ買い、学校には好きなほうのえんぴつを持って行くことにしました。

上級編：1カ月のやりくり

　小学4年生になったC君は、おこづかいをひと月1500円もらえることになりました。一度に1000円以上のお金をもらったことは、お年玉以外では初めてです。うれしくなったC君は、さっそくずっと欲しかった1200円のカードゲームを買いました。

　つぎの日、算数のノートがなくなったので買いました。もうおこづかいは166円しか残っていません。毎週土曜日のスイミングスクールが終わったあと、C君はいつもジュースを買って飲んでいましたが、今月はガマンして水を飲むことにしました。

アンケートから

　「おこづかい」と言えば、「毎月決まった日にちに決まった額を与えるもの」と思っていませんか？　子育てグッズ＆ライフ研究会が行った「子どもとお金に関するアンケート調査」（2001年3月調べ）によると、与え方も与える金額も、家庭によって実にさまざまなパターンや約束事があることがわかりました。

　ちなみにこの項で取り上げた例、一定の金額を決めておこづかいをあげている家庭は全体の28.3％でした。

● 図3-1　おこづかいの与え方

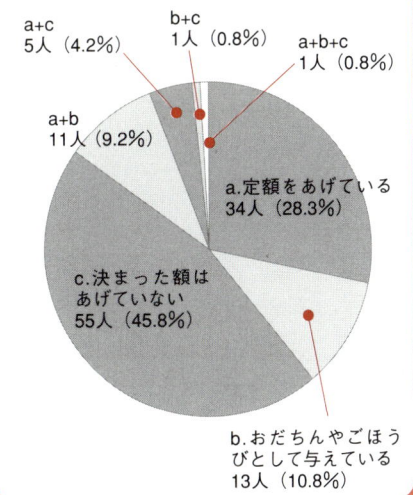

ワンポイントアドバイス

子どもの年齢や発達に合った与え方を考えましょう

　定額制は、おこづかいを計画的に使うトレーニングになります。小銭を毎日渡すのは、その意味でもあまり望ましくありません。

　とは言え、小さいうちは時間の感覚がないので、つぎのおこづかい日まで待てないこともでてくるでしょう。必要なときに手持ちがなく、結局親が出してしまうことにならないためにも、幼稚園から低学年のうちは週単位、それ以上は1カ月単位など、その子の年齢や発達、生活様式に見合った期間と金額を設定しましょう。

第1章　お金を与える

04 おこづかいの額はいくらにする？

おこづかいをいくら与えるべきかの目安は、おこづかいを何に使うかによって大きく異なってきます。大切なのは、「欲しいモノ」だけでなく、「必要なモノ」が買える金額にすることです。

買わない工夫

小学6年生のAちゃんは、毎月おこづかいを1500円もらっています。おしゃれに敏感なAちゃんは、このお金を学校で使う文房具はもちろん、ティーン向けファッション雑誌や小物、趣味のビーズなどに使い、少しだけれど貯金もしています。

このごろますます欲しいモノが増えてきたので、お金の使い方も真剣そのもの。欲しいモノリストとおこづかい帳を見比べては、ため息をつく毎日です。そろそろおこづかいを値上げして欲しいと思っていますが、中学生になるまでは1500円でガマンしようと思い、雑誌やCDはお友だち同士で貸し借りし、欲しいアクセサリーはビーズで手づくりするなど、買わなくてもなんとかなるモノにはなるべくおこづかいを使わないように工夫しています。

高価なモノは貯めて買う

　小学4年生のBちゃんは、毎月1000円のおこづかいをもらっています。もらったおこづかいは、主に雑誌や文房具、お友だちや家族へのお誕生日プレゼントなどに使いますが、毎月必ず200円は貯金箱に入れて使わないようにしています。なぜかと言うと、お金を貯めて、大好きなアイドルグループのCDを買いたいと思っているからです。

親が買ってくれないモノを

　小学2年生のC君は毎月500円のおこづかいをもらい、月刊の少年雑誌を買っていました。雑誌はちょうど500円なので、それ以外のモノを買うことはできませんが、学校で必要な文房具を買うときはそのつどお金をもらえるし、お菓子やおもちゃもお母さんにお願いすればたいてい買ってもらえるので、特に困ることはありませんでした。

　けれども、いくらおねだりしてもゲームカードだけはお母さんに買ってもらえません。C君は、先月から雑誌をやめてカードを買うことにしました。お母さんは雑誌代のつもりでおこづかいをあげていたので、内心困ったことだと思いながらも、黙っています。

アンケートから

　子育てグッズ＆ライフ研究会のアンケート調査によると、一定の期間に決まった額のおこづかいをあげている人と、定額を与えていない人は、ほぼ同数でした（P.119参照）。

　おこづかいの額は「学年×100円」や「学年×100円+100円」とする家庭が多く、加齢に関係なく、キリのいい数字ということで「低学年には500円」、「中学年には1000円」としている家庭もありました。

　なかには、小学5・6年生に「2000円」という多少高額とも思える金額を与えている家庭もありましたが、子どもに必要なモノは、なるべく広範囲にわたって本人自身で管理させたい、ひいてはお金の価値をわかってもらいたいという親の希望があるようです。

第1章　●　お金を与える

ワンポイントアドバイス

使う範囲に応じた金額にしましょう

　おこづかいの額を考えるときに、近所の同学年のお友だちがいくらもらっているかを参考にすることもあるでしょう。しかし、家庭によって、考え方も金銭感覚も違います。おこづかいで何を買うのか、具体的に子どもと話し合いましょう。

　たとえば300円までの文房具や雑誌、アクセサリーなどの雑貨類、遠足のおやつやお誕生日会のプレゼントなどはおこづかいで買い、毎日のおやつや高額な学校用品は親が買う、などです。それによって、適当な額を決めることができるでしょう。

　年齢やその子の発達の度合いによっても管理できる範囲は違ってきます。1年に1度は、金額の見直しもかねて親子でじっくり話し合ってみましょう。

第1章　お金を与える

05 おこづかいの与え方❷
報酬やごほうびとして

お手伝いの報酬や何かをがんばったときのごほうびとしておこづかいを与えることは、「働いてお金を得る」、「努力してお金を得る」ことを子どもに教えるよい機会になります。しかし一方で、マイナス面もあることを忘れずに！

お手伝いができたら全額 できないときは……

「働いてお金を得ることの大変さを伝えたい」と考える小学3年生のA君の家では、お手伝いも労働のひとつと考えています。A君の仕事はゴミ捨てと洗濯物の後片づけ。このお手伝いをすることを条件に、おこづかいを月300円もらっています。1回忘れるごとにおこづかいから10円引かれるので、A君も真剣です。

お手伝いをすればするほど おこづかいを増やす

　小学1年生のBちゃんの家では、1カ月100円のおこづかいのほかに、ゴミ出し1袋1ポイント、トイレ掃除3ポイントなどとお手伝いをポイント制にし、1ポイントを10円としてその月のおこづかいに加えています。

お手伝いをすればするほどおこづかいが多くなるので、Bちゃんは、欲しいモノがあるときはいっぱいお手伝いします。お母さんは「お金をあげないとお手伝いをしなくなってしまうのでは……」と気になりながらも、お手伝いが習慣になるためのきっかけになればと思って続けています。

感謝の気持ちの表れとして

小学3年生のC君は、お母さんが風邪気味で具合が悪かったとき、夕食の後片づけをやってあげました。5歳の妹のDちゃんは、仕事から帰ったお父さんのために、お母さんに代わって残っているおかずをレンジで温め、お皿に盛りつけて出してあげました。お母さんもお父さんもとてもうれしくて、「ありがとう」と言いながらごほうびとしてC君に50円、Dちゃんに10円、おこづかいをくれました。

がんばったときのごほうびとして

小学5年生のE君は、テストで100点をとったり、サッカーの試合でゴールを決めたときなどに1回10円のおこづかいがもらえます。幼稚園に通う妹のFちゃんは、お母さんとの約束が守れたときや、何かをガマンできたときにおこづかいをもらえることがあります。でも、同じことをしてももらえないこともあります。

アンケートから

子育てグッズ&ライフ研究会のアンケート調査では、「家の手伝いの報酬としてお金をあげることについてどう思うか」について、「よい」または「場合によってはよい」と答えた人が7割以上でした。また、「望ましくない」と答えた残りの方にも、「お手伝いはお金とは別」を建前としつつ、実際はおだちんをあげているというケースが多く見受けられました。

お手伝いの報酬で最も多かったのは10円。「親の気分がいいときにはお手伝いにお金を渡している」という回答などもあり、一貫性のない渡し方が多く見受けられました。

「お手伝い」というと、いかにも家の仕事を頼まれてやっているような響きがあります。家の仕事を家族みんなで分担し、役割制にして責任を持たせてお金を渡す場合には、金額や渡し方の決まりをつくるなどして、子どもが迷わないような一貫性を持たせる工夫が必要です。

第1章 ● お金を与える

ワンポイントアドバイス

お金は労働の対価だと伝えよう

「楽して手に入るお金はない」ということを教える意味でも、お手伝いの報酬としておこづかいを渡すのは決して悪いことではありません。できれば子どもがする家の仕事を決め、その責任を果たしたときに渡すようにしましょう。親の気分や、何かをがんばったごほうびで渡すおこづかいは労働の対価とは言えず、お金目当てに目的がすりかわる恐れもあります。また、同じことをしてももらえないときは、反対に不満の原因ともなりかねません。自発的な行為やがんばりには、ことばや気持ちで応えてあげましょう。

19

第1章　お金を与える

06 おこづかいの与え方 ❸
必要なときに必要な額だけ

必要に応じてそのつどお金を渡すのは、おこづかいを定額制にする前のトレーニングとしては有効です。小さな子どもにとって、お金の種類や商品の選び方、消費税のこと、おつりやレシートの役割などを知るいい機会になるでしょう。

初めてのお買い物

　入学準備のためのお買い物に行ったAちゃんとお母さん。売り場につくと、お母さんは「ここで待ってるから、ひとりでお買い物してごらん」と、1000円札が1枚入ったお財布を渡しました。Aちゃんは2Bの鉛筆を探し出し、ドキドキしながらレジで初めて自分でお金を払いました。ちょっぴりお姉さんになったような気がしたAちゃんでした。

後悔先に立たず

　小学4年生のBちゃんは、欲しいモノがあるたびにお母さんに相談し、お金をもらっています。今、お気に入りのキャラクターのお財布が欲しいのですが、つい最近、特に欲しいとは思っていなかった小物入れを、軽い気持ちでおねだりして買ってもらったばかりなので、なかなか言い出せません。

決まったおこづかいよりも……

　小学6年生のCちゃんは、決まった額のおこづかいはもらっていません。必要なときにお母さんからそのつどもらっていますが、お母さんは「足りないと困るから」と、いつも多めに渡してくれます。もちろんおつりとレシートはお母さんに渡しますが、筆箱を買うときも1000円もらったので、いろいろあるうち980円のものを選びました。

　月ぎめのおこづかいをもらって自分で買うことになれば、300円くらいの安いモノでガマンしなければならなくなるかもしれないので、Cちゃんはおこづかいはいらないと思っています。

おつり目当てに大失敗！

　小学2年生のDちゃんは、図工の授業で使うセロハンテープを買うため、お母さんから300円もらい、文房具屋さんに行きました。お金が余ったら好きなモノを買っていいよと言われていたので、なるべく安いセロハンテープを買おうと思ったDちゃんは、一番安い100円のカッター台なしのものを選び、帰りにいつもよく行くパン屋さんに寄って、おつりでチョコレートを3種類買いました。

　翌日の図工の時間、手やハサミでは思うように切れないセロハンテープを前に、「あ～あ、200円のカッター台付きのにすればよかった」と、ため息をつくDちゃんでした。

アンケートから

　子育てグッズ＆ライフ研究会のアンケート調査によると、「決まった額のおこづかいは与えていない」という家庭は、全体の45.8％でした。その理由として一番多かったのが「決まった額を渡しても無駄づかいをしてしまうから」というものです。

　しかし、無駄づかいをさせたくないのならなおのこと、一定額のお金を与えてその中でやりくりすることを身に付けさせましょう。お金としっかりつきあえる大人にするためには、お金は自分の力で稼いで得られるものであることを認識させるとともに、限られたお金の中で自分の満足を最大限に実現するためにはどうすればよいのかを、子ども自身に体験させ、納得させる必要があると思います。

　小さな子どもでも、定額制のおこづかいを通して、時間の感覚やお金の感覚を身に付けさせることはできます。

ワンポイントアドバイス

おつりはだれのもの？

　子どもがおつりで余計なモノを買ってしまったということは、よくあります。たしかに、おつりで自由にお買い物をさせることも、与えられた予算内で賢くお金を使うためのいいトレーニングにはなります。

　けれども、まずは、おつりは親から預かったお金であり、勝手に使ってはいけないものだという前提をよく言い聞かせておくことが大切です。それに加え、あらかじめ子どもが購入する商品の大体の値段を確認しておき、必要以上に多くのお金を渡さないことも肝心ですね。

第1章　お金を与える

07 イベント時のおこづかい

お祭りや旅行、お友だちとのお出かけなどは、出費がかさむだけに持たせるおこづかいの額には頭を悩まされます。イベントの楽しさを味わいながら、そのときの「欲しい」気持ちが本当に「必要」かを考える機会にできるといいですね。

お祭りは特別、楽しみ優先で

　小学3年生のAちゃんは、毎年夏休みにおじいちゃんの家に遊びに行きます。そこでの一番のお楽しみはお祭り。なぜなら、おじいちゃんや親戚のおばさんはもちろんのこと、通りかかったおじいちゃんの知り合いまでがおこづかいをくれるからです。

　今年は目当ての品が当たるまで何度も「くじ」を引いてしまい、あっと言う間におこづかいがなくなってしまいました。ドキドキするのは楽しいし、最後には目当てのモノを手に入れることができたのでよかったのですが、これならお店で買ったほうが安かったなぁとちょっぴり後悔もしています。

　Aちゃんの両親は、田舎でのお祭りのときは特別だと子どももわかっているので、このときは楽しみ優先でいいと思っています。

お祭りでも普段のおこづかいでやりくり

小学4年生のB君の家では、お祭りだからといって特別におこづかいをくれることはありません。だからB君は、お祭りが近づいてくると、なるべく毎月のおこづかいを使わないようにし、普段買っている雑誌やアイスクリームなどをガマンします。でも、おこづかいが余れば余るほど、お祭りで売っているくじや駄菓子を自由に買うことができるので、ガマンもへっちゃらです。

たまに、お祭りで近所のおじいちゃんやおばあちゃんからおこづかいをもらうこともありますが、そんなときは必ずお母さんに報告してから使うという約束をしています。

まじめな人ほど損？

小学5年生のC君は、夏休みに2泊3日でサッカーチームの合宿に参加しました。おこづかいは「500円以内」に決まっていましたが、参加した子どもの中に、3000円も持ってきていたD君がいました。コーチはD君の2500円を帰りまで預かり、ほかの子どもたちとのバランスをとりましたが、D君以外にも500円以上持ってきて、コーチに内緒でおみやげやジュースなどに使っていた子どもが何人かいました。C君はずるいなぁと思うと同時に、自分ももっと持ってくればよかったと思いました。

けれども、合宿後の反省会で、ルールを守ることの大切さについてコーチから話を聞いたC君は、やっぱりズルはいけないと思いました。

金庫番はお友だちの保護者

小学4年生のEちゃんとFちゃんは大の仲良し。よくどちらかの親に付き添ってもらって、映画やプール、遊園地などへ一緒に行きます。そんなお出かけ時のおこづかいは、どちらか付き添うほうのお母さんがまとめて管理することになっています。

映画に連れて行ってもらうときは子どもひとり分のおこづかいとして、チケット代とお昼代、それに交通費を足して2000円くらいを預けます。遊園地やプールへ行くときはあらかじめ親同士が相談して予算を決めます。親同士も気心の知れた仲なので、お互い安心して子どもを任せることができます。

ある母親のぼやき

出かけなければ楽しめない？

週末や夏休みになると、毎朝のように「お母さんどこか行きたい」と小学1年生の娘がせがみます。近所の公園ではつまらないのだとか。行きたい場所は、ウォータースライダーのある室内プールやテーマパーク、デパートです。行けばやはり出費もかさみますし、どこも混雑しています。

そんなとき、近所の公園は閑散としているのです。家の庭や近所の公園で1日中泥んこ遊びや鉄棒、ブランコをして過ごした親世代の夏休みとは違い、お金をかけ、情報と楽しみをあふれるほどに与えられることに慣れているためなのでしょうか。あえて「出かけない日」、「物足りない日」をつくる矛盾を感じています。

第1章　お金を与える

08 お年玉はいくら？

与える金額やもらったお金の管理に頭を悩ますお年玉。しかし、子どもの金銭教育のよい機会と考え、家族で、そしてできれば毎年交換し合う親戚などで話し合い、子どもの年齢や発達に見合った金額や使い方を考えてみたいものです。

慣習として受け止める

　幼稚園年中組のＡ君はお父さんの実家から毎年5000円のお年玉をもらいます。生まれたばかりの弟にも同じ金額のお年玉がお母さんに渡されます。親戚同士で取り決めをしたわけではありませんが、お父さんの実家では、よちよち歩きの赤ちゃんにも中学生の子どもにも、一律5000円のお年玉が行き交います。
　お父さんはきょうだいも多いので、お金を出す大人にとってかなりの負担ですが、みなそれぞれに、甥や姪への年に一度のサービスでもあるし、金額は親戚同士の暗黙の了解だと受け止めています。

親戚同士で基準を決める

　小学１年生のＢちゃんのお母さんは、甥や姪へのお年玉の額についてきょうだいたちと話し合い、小学生は1000円、中学生は3000円、

高校生は5000円に決めました。しかし、お父さんの親戚では特に決まりがなく、行き交うお年玉の金額もまちまちなので、毎年悩みの種になっています。

負担がつり合わない場合はやめる

小学5年生のC君のお父さんは、兄弟との話し合いで、お互いの子どもの年齢に差があることから、余計な気を使わなくてすむようにと、今年のお正月から、お互いの子どもにお年玉をあげるのはやめることにしました。けれども、おじいちゃん、おばあちゃんからは今まで通りもらっていますし、お母さんのきょうだいからももらっています。

ひとりっ子は得？

小学1年生のD君はひとりっ子。お父さんは毎年、実家に住んでいるお兄さんの子ども3人、中学1年生、小学4年生、3歳に、それぞれ5000円ずつお年玉をあげていますが、お兄さんはD君に1万5000円もお年玉をくれます。

お父さんは毎年のようにお兄さんに「うちは5000円ずつしかあげてないし、1年生に1万5000円は多すぎるから、うちのにも5000円にしてくれ」と言っていますが、お兄さんは「うちは3人分ももらっているんだから、5000円だけじゃ申し訳ない」と言って金額を変えようとはしてくれません。中学1年生のいとこはD君がうらやましくてなりません。

統計から

みずほ銀行の「お年玉調査リポート（2003年版）」によると、小学校高学年（4-6年生）の子どもがひとり当たりもらったお年玉の平均額は2万5350円。ひとりの人からもらったお年玉の平均金額は4066円で、ひとりの子が平均6.2人の人からお年玉をもらっていました。

不況の影響か、子どもひとり当たりが受け取るお年玉の総額は2年連続の減少となっていますが、一方で、約3人に2人の母親が、子どもがもらった金額を多いと感じているという結果も出ました。

同リポートによると、1カ月のおこづかいの平均額は666円。お年玉の平均額はその約38倍になりますので、子どもにしてみれば、約38カ月分のおこづかいを一度にもらうことになります。その価値を大人の月収に換算してみると、月収50万の人が38カ月分のお給料を一度にもらった場合、その額は1900万円というとてつもない金額になります。

子どもがお年玉を使う前に、手にしたお金の価値について説明しておきたいものです。

ワンポイントアドバイス

金額では計れないお年玉に込められた想い

子どもがもらうお年玉の金額は、親戚の人数や家庭の方針でとてもばらつきがあるものです。自分よりたくさんもらっているお友だちを知ったら、子どもは当然うらやましい気持ちになるでしょう。もらったことのうれしさよりも、お友だちより少なかったことに対する悔しさや惨めさばかりがつのる恐れもあります。

お年玉をくれた人の想いは、金額で計れるものではありません。よその家庭の子どもと比べたりするものでも、金額によってくれた人のやさしさを計るものでもないということを、子どもにしっかり伝えたいものです。

第1章　お金を与える

09 お誕生日のプレゼント

お誕生日を特別な日として位置付け、この日ばかりは少しぜいたくにお祝いしてあげるのも、モノの買い与え方にメリハリをつけるためにはいいことでしょう。生まれた日を祝う気持ちを形にして、思い出として残してあげたいものですね。

普段は節約、お誕生日には欲しいモノを

幼稚園年長組に通うAちゃんの両親は、日ごろあまりAちゃんにおもちゃや絵本などを買ってあげていないので、お誕生日には本人が欲しいというモノを買うようにしています。ただし、今の年齢にふさわしいモノ、あまり高価でないモノを選ばせるようにしています。

ごほうびのプレゼントと特製手料理

小学2年生のB子ちゃんのお母さんは、子どものお誕生日でも特に構えることなく、普段のごほうびのような感覚でプレゼントを渡しています。そして夕飯には、いつもより少しはがんばったかなと自分で思える程度のご馳走をつくります。幼稚園に通う長男のお誕生日にも同じようにします。

家族みんなで大合唱！

中学生と小学生の子ども3人の母であるCさんは、子どものお誕生日には、できるだけその子の好きなケーキをつくるようにしています。つくれないときは買ってきて、お誕生日の子どもに一番先に好きなものを選ばせ、家族みんなで「Happy Birthday To You」を歌って祝います。

子どもの成長に感謝する日

小学5年生の長女と小学3年生の長男を持つDさんは、ふたりの子どものお誕生日を、生まれた日を思い出し、生まれてきてくれたこと、健康に育ったことを感謝する日だと考えています。基本的にはその子の欲しいモノを贈り、もうひとりの子どもにもささやかなプレゼントを贈っています。

老後の楽しみ？ 記念撮影

小学校に通う女の子がふたりいるEさん一家では、子どものお誕生日には必ず成長の記録にもなるように、家族みんなで少しおめかしをして、バースデーケーキを前に写真を撮っています。

家族でお出かけ

小学5年生のF君の家では、日ごろはなかなか行けないテーマパークなどに出かけるのがF君へのお誕生日プレゼント。お誕生日当日が平日だったり予定があったりして行けなくても、少し時期をずらし、必ず家族で出かけています。

ワンポイントアドバイス

誕生日は祖父母と孫の交流の機会

おじいちゃんやおばあちゃんと離れて住んでいる場合は、お誕生日のプレゼントを介して、祖父母と孫のコミュニケーションをとることができます。普段、モノをおねだりする機会も買ってもらう機会もあまりないおじいちゃん、おばあちゃんからのお誕生日プレゼントは、子どもにとってとても価値のあるものになるでしょう。

ただ、おじいちゃん、おばあちゃんのことを、お誕生日に必ず欲しいモノを買ってくれる便利な存在だと思わせないような配慮も必要です。プレゼントをもらったら、必ず電話やカードでありがとうの気持ちを伝えさせましょう。そして、おじいちゃん、おばあちゃんのお誕生日や敬老の日にカードを送ったり、電話をかけたりすることによって、一方通行でなくお互いを思う気持ちを伝え合うことができるでしょう。まだおしゃべりができない子どもなら、代わりに親が電話や手紙、ビデオ、写真などで子どもの様子を伝えてみてはいかがでしょう。

第1章　お金を与える

10 クリスマスプレゼント

サンタクロースという夢のある存在を借りて、枕もとにプレゼントを置き、子どもが無邪気にびっくりしたり喜んだりする姿を見るのは、親にとっても楽しいものです。贈る側の喜びと贈られる側の喜び。家族で大切にしたいですね。

1年中プレゼント探し

　小学1年生のA君は、季節に関係なく、お母さんとお買い物に行くたびに欲しいモノを見つけ、「今年はサンタさんにこれもらおうかなぁ」と言っています。
　クリスマスが終わったばかりのある日、年末の買い出しで混み合うスーパーの中で「来年はサンタさんにコレを頼もうかな」と言われたときは、さすがに周囲の目を気にして、恥ずかしくなったお母さんでした。

サンタさんにもプレゼント

　小学3年生のBちゃんは、毎年イブの夜、お母さんと一緒に焼いたクッキーをきれいにラッピングしてカードを添え、トナカイ用のニンジンと一緒に枕もとに置いて寝ます。すると翌朝、枕もとにサンタさんからのプレゼントとお礼のカードが置かれているのです。

サンタさんは万能？

　サッカーが大好きな小学1年生のC君のヒーローはイタリアで活躍する日本人選手。同じサッカークラブのお友だちのD君は、ワールドカップで大活躍したブラジルの選手が大好きです。ふたりで相談して、今年のクリスマスにはサンタさんにそれぞれ好きな選手の直筆サイン入りユニフォームをお願いしようと決めました。

子どもの夢を壊さないように……

　サンタさんがプレゼントをくれると信じている小学2年生のE子ちゃん。両親は、毎年クリスマス前になると、E子ちゃんの質問攻めに四苦八苦します。「ウチには煙突がないけど、サンタさんはどうやって入ってくるの？」とか、「サンタさんはどうして私の欲しいモノを知っているの？」、さらには「たった一晩でどうしてみんなのお家にまわれるの？」などなど、E子ちゃんからの質問は途絶えることがありません。
　お父さんとお母さんは、今年のクリスマスに備え、子どもの疑問に答えるマニュアル本を買って予行練習しようと思っています。

クリスマスプレゼントの始まり

　クリスマスは、キリスト教で救い主が生まれたことを祝う大切な行事です。けれども、聖書にはイエス・キリストが生まれた日付に関する具体的な記述はありません。ではなぜ12月25日なのでしょうか。
　西欧ではもともと、この日を冬至として祝う習慣がありました。冬至は、長く厳しい冬の折り返し点。布教の過程で、キリストの誕生日を人々になじみやすくするために、春を待ち望む盛大なお祝いの中心に設定したのだろうと考えられています。
　冬至のお祭りのときには、それまで大切にしていた蓄えの食料を使ってごちそうをつくり、お互いに交換し合って共同体としての結びつきを深めていました。これがクリスマスプレゼントの始まりです。このプレゼントは次第に食べ物以外のものにも広がっていき、時代を経て現代の家族中心のクリスマスに変わっていきました。

第1章　お金を与える

ワンポイントアドバイス
子どもと一緒にプレゼントを贈ってみよう

　ときには子どもと一緒に、家族やお友だち、先生などへプレゼントやカードを贈ってみてはいかがでしょう。お金をかけなくても、工夫次第で心のこもったプレゼントになります。お返しに、きっと感謝のことばや笑顔をもらえることでしょう。「もらう喜び」と「喜んでもらう楽しさ」、両方を子どもに体験させる素晴らしい機会になります。
　また、「クリスマスは特別」とはいえ、毎年お願いしたモノがもらえるなら、子どもはもらえて当然と思うようになるかもしれません。子どもがサンタさんに無茶なお願いをするようなら、「サンタさんは世界中の子どもにプレゼントをするのに、あなただけたくさんもらうとほかの子の分がなくなっちゃうかも」と伝えてみては？　リクエストと違うプレゼントを用意し、「あなたにふさわしいものをサンタさんが選んでくれたのね」と言うのもいいでしょう。

第1章　お金を与える

11 どう対処する？祖父母の厚意

少子化が進むにつれ、子どもに6つ（父、母、両親の祖父母）のお財布がついている「シックス・ポケット」現象がエスカレートしています。祖父母の愛情は、子どもに与える影響に十分注意しながら、いい形で受け取りたいものですね。

当たり前になるのはチョット……

　幼稚園年長組に通うA君は、お父さんの実家に遊びに行くたびに、祖父母から200円のおこづかいをもらいます。お母さんはA君に祖父母の愛情やお金のありがたみをわからせたいと思い、必ずお礼として、おじいちゃんの肩をたたいたり、お庭の草をむしったり、ふたりが喜んでくれるようなことをさせるようにしています。
　おじいちゃん、おばあちゃんはとても喜んでくれるので、A君も張り切ってお手伝いなどをしていますが、この間、おじいちゃんの肩をたたいたあとに「おじいちゃん、200円ちょうだい」と自分から催促したことがありました。お母さんはA君がお金をもらうのは当たり前だと思ってしまっているのでは、と考え込んでいます。

おこづかいがなくなると……

近くに住んでいるおばあちゃんの家に遊びに行くたびに、ちょこちょことおこづかいをもらっている小学3年生のB君。お母さんには内緒で、もらったお金で好きなモノを自由に買っています。

これでは毎月のおこづかいをあげている意味がないとお母さんは困っていますが、B君はおこづかいが少なくなると、いつもおばあちゃんの家にこっそり遊びに行きます。

年に一度の特別な日だから……

小学5年生のC君は、お誕生日にはいつも田舎に住んでいるおばあちゃんから郵便やファックスでバースデーメッセージをもらいます。お母さんがお礼の電話をさせると、いつもC君は何やら自分の欲しいモノをおねだりしているようです。

ちょっと高すぎるのでは……と思うようなモノをお願いしているときもありますが、祖母と孫との年に一度のやり取りなので、お母さんはなるべく口をはさまないようにしています。

過剰な孫サービスに閉口

孫にすぐに何でも買い与えてしまう義理の両親に困っているDさん。小学3年生になる息子が、夫の実家に遊びに行くたびに、近所の大型玩具店で、欲しいモノをたくさん買ってもらうのです。息子が普段のおこづかいをあまり節約する気がないのも、「欲しいモノは何でもおじいちゃんの家に行けば買ってもらえる」と思っているからに違いないと思うDさんは、最近では夫の実家に息子を連れて行くのがとてもゆううつになってきました。

ワンポイントアドバイス

お金やモノに代わるふれあいを

祖父母の孫を愛する気持ちを理解すればこそ、おこづかいやモノを過剰に与えるのを控えて欲しいという要望は、なかなか切り出しにくいものです。母親が働いていて、夫の実家に子育ての応援を頼んでいる場合はなおのこと、祖父母がお菓子やおもちゃを買うことで子守りをしても、仕方ないと口をつぐんでしまいがちです。

こんなときに頼りになるのは夫の理解と協力。子どもの金銭感覚を養うためには実践教育が必要であることを話し、お金やモノを与えるのは特別なときだけにしてもらえるよう、両親に話してもらうことが大切です。

そうは言っても、「年寄りの楽しみだからいいじゃないか」のひと言で片づけられてしまうこともあるでしょう。夫に理解と協力を求めることが難しいようであれば、「おじいちゃん、おばあちゃんの大切なお金だからむやみにもらわないように」と、直接子どもに言い聞かせるのもよいでしょう。

さらに、お金に代わる孫と祖父母のふれあいについても考えたいものです。子どもにとっておばあちゃんと一緒に針仕事やお菓子づくりをしたり、おじいちゃんからけん玉や囲碁を教えてもらったりすることはきっと楽しいはず。さりげなくきっかけを提供し、お金のかからない思い出づくりを演出してみてください。

COLUMN 1

ときには年金の話も

「人は働いてお金を得て暮らしている」という話をすると、子どもはきっと「おじいちゃん、おばあちゃんは、働いていないのにどうしてお金を持っているんだろう？」と不思議に思うことでしょう。そんなとき、「おじいちゃん、おばあちゃんは若いころ、一生懸命働いて、年をとってから困らないようにお金を貯めていたのよ」と説明すると同時に、年金の話をしてみてはいかがでしょう。

年金制度は世代間で支え合う制度です。おじいちゃん、おばあちゃんは、若いころに働いて得たお金の中から一定額をお年寄りのために納めていたこと、だからいま働いている人たちがお金を出し合い、おじいちゃん、おばあちゃんの老後の生活を支えてくれていることなどを伝えましょう。少子化の影響で、将来は2人で1人のお年寄りの生活を支えなければならなくなること、年金の未納者が増え、年金制度の信頼性が崩れつつあることなども、子どもの年齢に応じて話題に取り上げてみてもよいかもしれませんね。

第2章
お金を使う

　この章では、限られたお金を、必要なモノに、そして自分にとって有意義なモノに使えるようになるためのトレーニング方法について考えます。

　衝動買いや無駄づかい、そしてガマンや工夫……。おこづかいのやりくりを通して経験することすべてが、子どもにとてもいい勉強になります。トレーニングの目的は、そこから、商品知識やモノの価値、お金の大切さを学び取ることです。

第2章　お金を使う

12 子どもと一緒にお買い物に行こう！

子どもは「お買い物」や「お店屋さん」が大好きです。ぜひ一緒にお買い物に出かけてみてください。連れて行く親には「迷子」や「いたずら」などの試練が待ち受けていますが、いろいろな出会いの中で社会教育をさせる絶好の機会です。

お料理に必要な材料は？

5歳のAちゃんはお母さんと一緒にお買い物に行くと、夕飯に必要な材料を自分で探します。「今晩はカレー。何がいる？」「玉ネギとニンジンと……」というやり取りのおかげで、お料理の材料について詳しくなりました。しなびたキュウリを選んだときは、「いぼいぼがとんがっていて、白く粉をふいて見えるのが新鮮なのよ」とお母さんが教えてくれます。

梅干は半額？

小学1年生のB君は、赤字で「梅干」と書かれたシール付きのおにぎりを指さし、「これ半額だよ！」と目をキラキラ。お母さんがよく買う商品についている半額シールだと思ったのでしょう。「バナナ10円だって、安いよ！（ホントは100gの値段）」、「2割引って半額より安い？」とB君の興味はつきません。

子どもの世界を垣間見る

お母さんと一緒にドラッグストアにお買い物に行った幼稚園年長さんのC君が、なぜか入浴剤売り場から動きません。どうやら、欲しい入浴剤があるようです。お目当てのモノは、カプセルに入った入浴剤で、お風呂に浮かべると、中からおもちゃが出てくる商品。そのおもちゃを集めるのがお友だちの間ではやっているということでした。

いつも買う粉末の徳用入浴剤と同じくらいの値段でしたが、思いきって買ってあげたところC君は大喜び。でも、「いつものならお風呂に30回入れるけど、これは1回でおしまいよ」とお母さんは言いました。

お店の人と会話する

学校で指定された算数のノートを探しに文房具店に行った小学4年生のDちゃんは、欲しいものが見つからず、お店の中でウロウロ。「店員さんに聞いてごらん」とお母さんに言われても、恥ずかしくて声をかけることができません。お母さんに一緒について来てもらい、やっと店員さんに探してもらうことができました。

レジで「お願いします」とノートを出し、お金を払い、おつりをもらったときはほっとしました。

レジを通すまではお店のもの

商品に囲まれたスーパーマーケットは子どもの絶好のいたずら場所にもなります。鮮魚売り場に陳列されている魚を指でつっついてみたり、お肉のラップに穴を開けてみたり……。子どもがお菓子を口に入れてしまい、レジで開封した菓子箱を指さして「これも」というお母さんを見かけることがありますが、こんなことではけじめがつきません。「商品は売り物であり、レジを通すまでは自分のものではない」ということをきちんと言い聞かせることが大切です。

お菓子売り場で子どもを遊ばせておき、そのすきにお買い物をしていたあるお母さん。子どもが棚の値札プレートをあっちにやったりこっちにやったり、裏返しにしたりしてしまっているのに気づき、元に戻そうにもわけがわからないので、慌てて逃げるようにお店を出てしまったとか……。後で考えると、親がお店の人にきちんと謝る姿を子どもに見せればよかった、と言っていました。

ワンポイントアドバイス

混雑するお店、時間帯は避けましょう

夕方のスーパーやバーゲンセールの日のデパートなど、混雑したお店に子どもを連れて行くのはトラブルのもとです。まわりのお客さんの迷惑になるばかりか、親も子もヘトヘトにくたびれてしまい、社会勉強になるどころか、子どもに悪い影響を与えるだけになりかねません。

お買い物の訓練は、「空いている時間帯に、ゆっくりと」が肝心です。

第2章　お金を使う

13　お買い物のコツ❶
商品選びの基準を持つ

「商品の選択眼」は一生役に立つスキルです。もちろん、何を基準に選ぶかは、商品の性格や使用用途によって異なります。ここでは、商品とは何のためにあり、どんな価値（役割）があるのかについて考えてみましょう。

イラスト中の文字：
- 1本900円の無農薬トマトジュース
- ブランドカジュアル 30,000円相当
- 商店街で配っていたリサイクルバッグ 0円
- スーパーで上下で1,980円
- 手作りバッグ 原価約5,000円
- セールの牛乳まとめ買い1本100円
- サイフはブランドもの 40,000円
- くつは通販 1,000円
- くつはパパのプレゼント じつは1,000円

①-a　メインの機能で選ぶ

　カレーライスをつくるときに購入するお肉やカレールー、玉ネギなどに、私たちはまず何を求めているのでしょう。それは、空腹を満たし、栄養素を取り入れて体を維持するための役割です。さらに食品には、おいしく、安全であることも求められます。

　食品以外の商品では、それぞれに求められる役割が異なります。ハサミであれば「ものを切る」こと、おもちゃであれば「楽しく遊ぶ」ことが役割です。こうした役割を満たし、かつ安全であることが商品に求められる主たる機能と言えます。

①-b　サブの機能で選ぶ

　メインの機能のつぎに選ぶ基準となるのが、使いやすさという副次的な機能です。カレーの例では、「調理が簡単」、「日持ちが長い」、「かさばらない」、「開封しやすい」ことなどを考えに入れます。ハサミであれば「よく切れる」、「さびにくい」などがこれにあたります。食品や消耗品以外の商品は、こうした使いやすさがメインに近い重要な機能となります。

　忘れてはならない視点として、「簡易包装である」、「再生原料を使っている」など、環境への配慮があげられます。焼却時に有害ガスを発生させる素材を使っていないか、リサイクルできるかなど、捨てるときのことを考えることも大切です。さらには商品がつくられるときに環境への配慮があるか、メーカーや生産者の姿勢などにも想いをはせてみたいものです。

②　ひとりひとりの満足のために選ぶ

　「キティちゃんのカレーじゃないとイヤ！」という子どもがいます。パッケージにキティちゃんがついていようがいまいが味に変わりはないはずですが、箱に大好きなキャラクターがついているだけで子どもはうれしいものです。

　色やデザイン、味などのような感覚的なものには感情を満たす機能があります。これらの価値は個人の好みに大きく左右され、客観的に把握しにくいところがあります。「ボルボの車だから安心」、「有名シェフの店だからおいしい」などといった大人のブランド志向にも見られるものです。

③　社会的なプライドのために選ぶ

　「このゲームを持っていないのは僕だけ。仲間はずれにされるから買って」とせがまれることはありませんか？　この場合の関心の中心は、自分がその商品をどう使いこなすかということよりも、「他人の目」です。
「足下を見る（＝履物によってその人のお金持ち度を判断する）」ということばがあるように、「持ち物を通して人が判断される」という側面はありますね。バッグや靴などの高級ブランドは、「持ちたい」という欲望だけではなく、「持っているところを人に見られたい」という欲望も満たします。「社会的なプライドを満たす」価値は、「ブランド志向」のひとつの大きな要因です。

ワンポイントアドバイス

いろんなモノサシがあることを教えよう

　子どもは商品を選ぶとき、商品そのものの機能より、ついているキャラクターやみんなが持っているかどうかを判断基準にしがちです。もちろん、大人だって満足度や社会的プライドを重視して商品を選ぶ場合だってあります。

　これらはメーカーの広告や宣伝によるマーケティング力、ブランドの力によるところが大きいのですが、「気持ちの豊かさ」につながる部分もあるため、一概にいけないこととは言えません。商品を選ぶ際には、子どもの気持ちも尊重しつつ、機能性という基準もしっかり伝えたいものです。

第2章 お金を使う

14 お買い物のコツ❷
値段を比べる

「どうして値段が違うんだろう」と疑問を持つことは、いろいろな「社会のしくみ」を知るきっかけになります。値段の違いはなぜ生まれるか、ぜひ親子で「謎解き」をしてみましょう。ここではそのヒントを紹介します。

どちらが高い？　どちらが安い？

　同じ500円でも、それが洋服ならバーゲン価格、卵1パックなら高級品であるように、お金の価値というのは相対的なものだということを大人は常識として知っています。けれども、幼児や小学生では、「10円のモノは安い」、「1000円のモノは高い」といった絶対的な判断しかしにくいようです。
　モノを見比べながら、相場観を養うことも必要でしょう。

モノによって価格は異なる

　つくるのにどれだけの材料と手間が必要かによって、価格は大きく異なってきます。牛肉と鶏肉では、同じ100グラムでもかなり価格が違います。これは、同じ重量の肉を生産するために、牛はニワトリの約4〜5倍の飼料を必要とし、出荷するまでの期間も牛のほ

うが10倍くらい長くかかるからです。
　また、モノの価格には、人件費のほかにお店の光熱費や運送料、宣伝広告費、アフターサービスなどにかかる間接的な代金も上乗せされます。その割合もモノにより異なります。

質や量によって価格は変わる

　同じアイテムでも、品質により値段は変わります。洋服なら生地や縫製など、肉なら産地や部位などの違いが価格に反映されます。
　また、一般的に価格はモノの量に比例して上がりますが、200ミリリットル入りのシャンプーが800ミリリットル入りのお徳用ボトルになっても値段が単純に4倍にはならないように、量が多くなるにつれ、上がり方は緩やかになっていきます。
　お刺身などのように、実際の量目は同じでも、器の大きさや形などの見た目で左右されがちな商品もあります。棚の商品カードやトレイのシールなどに単位当たりの金額（ユニットプライス）が表示してありますので、それを参照するよう教えるのもいいでしょう。

お店や時期でも価格は異なる

　セルフサービスか対面販売か、店のつくりが豪華か簡素かなどによっても価格が変わってきます。同じブランドの化粧品でも、デパートでは定価ですが、2割引で買えるドラッグストアもあります。その代わり、デパートには、落ち着いた雰囲気の中で店員さんがメイクをアドバイスしてくれたり、きれいにラッピングしてくれるなど、「お買い物を楽しむ」という付加価値がつきます。
　コンビニエンスストアでは、「24時間いつでも買える」、「少しずつでも多くのアイテムをそろえている」などの利便性を優先しているため、スケールメリット（規模の利益）を提供する店よりも価格が高めに設定されているのが普通です。
　同じ店でも、「日替わりご奉仕」や「タイムサービス」など、特定の日時だけ値段を下げる場合もあります。その商品を目当てにする来店客を増やし、ついでにほかの商品も購入してもらおうというのがねらいです。

ワンポイントアドバイス
価格は需要と供給の関係で決まります

　母の日が近づくと、カーネーションの値段がぐっと高くなりますね。また、クリスマスの翌日にはツリーの飾りやカード類が見切り価格でワゴンセールになります。同じモノを欲しいと思う人が多いほど価格は高くなり、欲しがらないモノの価格が安くなるというのは市場の大原則です。また、豊作の年には米価が下がり、不作の年には価格が上がるように、市場に出回る量が多ければ価格は安くなり、少なければ高くなります。
　こうしたしくみを子どもにも理解できることばで説明してあげたいものです。

第2章　お金を使う

15 お買い物のコツ ❸
表示を見る

商品の包装には、その商品に関するさまざまな情報が記されています。これらの情報を正確に読み取り、納得したうえで商品を購入することは消費者の責任でもあります。表示の見方について、子どもと一緒に確認しましょう。

「消費期限」と「賞味期限」

「消費期限」は、通常、製造日からおおむね5日以内の日持ちが短い食品につけられ、「この期間内なら安全に食べられる」という意味です。

「賞味期限」は、それよりも日持ちの長い商品につけられる「この期間内ならおいしく食べられる」という目安です（2005年7月31日までは、「品質保持期限」と表示される場合があります）。したがって、「賞味期限」切れの商品でも、すぐに捨てなくても大丈夫。風味が落ちるだけで十分食べられるケースも多いのです。

ただし、これらの期限はあくまでも「目安」。保管していた場所の温度や湿度などの状態によって品質の劣化度合いは変わります。表示された期限をうのみにせず、見た目やにおいなどで品質を確かめるようにしましょう。

大切なことは、どちらの場合も、未開封で、冷蔵あるいは冷凍など、定められた方法で保管した場合の期限だということ。開封したあとは期限にかかわらず、なるべく早く食べきるようにしなければなりません。

食品の安全性が取り沙汰されることの多い近年、法律の改正によって、食品表示の内容はどんどん変わっています。メーカーのお客様相談室や消費生活センターに問い合わせ、つねに新しい情報を入手するようにしましょう。

●表15-1　期限に関する表示

製造日からの日数	法律で定められている表示	具体的な対象商品の例	表示
製造日からおおむね5日	消費期限	食肉・惣菜・油揚げなど	年月日を記載
製造日から3日〜3カ月	消費期限 賞味期限	かまぼこ・牛乳・ハムなど	年月日を記載
製造日から3カ月〜数年	賞味期限	缶詰・乾麺・レトルト食品・冷凍食品・醤油など	年月日を記載

裏面表示（原材料・栄養表示など）

　食品の表示では、原材料や賞味期限などは必ず「一括表示欄」に記載することが定められています。最近は、栄養表示についても掲載される商品が増えてきました（表15-3参照）。

　これらは、大人でもチェックを怠りやすい「上級編」ですが、アトピーや食品アレルギーのある子どもを持つ親であれば、原材料表示の確認は欠かせないところ。2001年から、食品衛生法で「小麦・乳・卵・落花生・そば」については、使用している場合は必ず表示するよう定められています。

　また、食品や衣料品、家庭用品の共通事項として、包材の材質も表示されていますので、そんなところも注目していけるようになるといいですね。

●表15-2　商品のパッケージに記載されている情報

食品の場合	衣料品・家庭用品の場合
・原材料 ・産地 ・栄養表示 ・つくり方、使い方、保存の仕方 ・その他注意事項	・サイズ ・手入れ方法 ・素材 ・壊れたときの保証

●表15-3　チョコレートの栄養表示の例

主要栄養成分：1枚（70g）当たり（当社分析値）	
エネルギー	401kcal
たんぱく質	4.6g
脂質	25.3g
炭水化物	38.7g
ナトリウム	14mg
食物繊維	3.6g
カカオポリフェノール	1100mg/1枚

いろいろなマークの意味を知る

　商品には環境や品質保証などを示すいろいろなマークがついています。「文字だけの表示」よりも子どもには親しみやすいので、こんなところから「商品を選ぶ目」を育てていくのもいいでしょう。

　右にマークの一例を紹介します。

↑財団法人日本環境協会が、環境保全に役立つ商品をメーカーなどからの申し込みを受けて認定したもの。

↑財団法人古紙再生促進センターが、原則として古紙を40％以上原料に使用した商品に対して認定したもの。

ワンポイントアドバイス

ホントに必要？　「日付の一番新しいもの」

　賞味期限や消費期限は、子どもにもわかりやすい表示です。しかし、「日付の一番新しいものがいいのよ」と教える前に、ちょっと考えてみてください。

　魚のように「新鮮なものほどおいしい」食品もありますが、すべてがそうではありません。たとえば牛乳。明日の朝、家族みんなで飲みきってしまう予定なら、賞味期限が3日後のものでも5日後のものでも「価値」は同じはずです。

　過剰に新しい商品を求める消費者行動は、お店の廃棄ロスを増やす原因になります。また、期限が迫っている商品は「値引き」で安く買えるというメリットもあります。このようなことも視野に入れたうえで、期限表示の見方を子どもに教えてあげたいものです。

第2章　お金を使う

16 消費税について

2004年4月から、価格表示に消費税相当額を含めることを義務づける「総額表示方式」がスタートし、消費税を払っていることが見えにくくなりました。けれども子どもだって立派な納税者。税金のしくみは理解させておきたいですね。

暮らしを支える税金

私たちの暮らしには、お金を払わなくても受けられるサービスがあります。たとえば公立の小学校や中学校での授業や家庭から出る普通ゴミの収集です。このほかにも、私たちの安全を守る警察や消防、暮らしを快適にするための道路や公園の整備などがあります。

これらはだれにでも平等に必要なサービスであり、「儲からないから」とか、「人手がないから」といってやめるわけにはいきません。そこで、私たち国民が一定のお金を拠出し合い、これらの「公共サービス」を支えているのです。これが税金です。

私たちには、単に税金を納める義務があるだけではなく、税金のしくみや使いみちについて十分に知る権利もあります。

●図16-1　公共サービスの種類

・警察
・消防署
・ゴミの収集と焼却
・教育
・健康診断、予防注射
・お年寄りの生活や医療費

税金の種類

税金は、国に納める「国税」と、都道府県や市区町村といった地方公共団体に納める「地方税」とに分けられます。

個人の給料などから差し引かれる「所得税」や、会社の儲けから差し引かれる「法人税」などが国税にあたり、商品やサービスの消費にかかる「消費税」も国税です。地方税には、法人が納める「事業税」や、個人が納める「住民税」などがあります。

また、税金は納め方によって「直接税」と「間接税」とに分けられます。直接税は、税金を払う人と税金を納める人が一致するもの、後者は払う人と納める人が別になるものです。直接税の主なものは、所得税と法人税、間接税の主なものが消費税です。

税金の基本的な考え方は、「たくさんお金のある人からたくさん徴収する」ということ。所得税では給料の多い人ほどたくさん差し引かれるしくみになっています。消費税の場合は「たくさんお金を持っている人はたくさん買う」、つまり「たくさん買う人はたくさん消費税を払う」ということになります。

● 図16-2　税とそのゆくえ

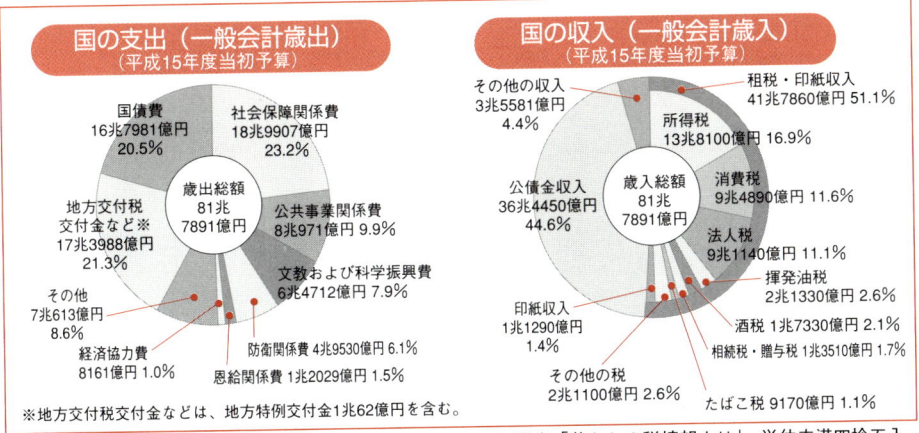

国の支出（一般会計歳出）
（平成15年度当初予算）

歳出総額 81兆7891億円

- 国債費 16兆7981億円 20.5%
- 社会保障関係費 18兆9907億円 23.2%
- 地方交付税交付金など※ 17兆3988億円 21.3%
- 公共事業関係費 8兆971億円 9.9%
- 文教および科学振興費 6兆4712億円 7.9%
- 防衛関係費 4兆9530億円 6.1%
- 恩給関係費 1兆2029億円 1.5%
- 経済協力費 8161億円 1.0%
- その他 7兆613億円 8.6%

※地方交付税交付金などは、地方特例交付金1兆62億円を含む。

国の収入（一般会計歳入）
（平成15年度当初予算）

歳入総額 81兆7891億円

- その他の収入 3兆5581億円 4.4%
- 公債金収入 36兆4450億円 44.6%
- 租税・印紙収入 41兆7860億円 51.1%
  - 所得税 13兆8100億円 16.9%
  - 消費税 9兆4890億円 11.6%
  - 法人税 9兆1140億円 11.1%
  - 揮発油税 2兆1330億円 2.6%
  - 酒税 1兆7330億円 2.1%
  - 相続税・贈与税 1兆3510億円 1.7%
  - たばこ税 9170億円 1.1%
  - その他の税 2兆1100億円 2.6%
  - 印紙収入 1兆1290億円 1.4%

※国税庁「暮らしの税情報より」、単位未満四捨五入。

払った消費税はどこへ

　現行（2004年4月現在）の税制では、5％の消費税のうち、8割が国に、2割が地方消費税として地方公共団体に配分されます。このうち、国に納められた消費税の3割は、地方交付税として地方公共団体に再配分されます。先の地方消費税分と合わせると、私たちが支払った消費税のうちの43.6％が、地方の予算として私たちの身近な地域の暮らしのために使われます。残りの56.4％は、私たちの老後を支えるために使われています。

　自分が納めた消費税が何に使われるのか、子どもにもぜひ教えてあげてください。

●図16-3　2万円の商品を買って支払った消費税1000円のゆくえ

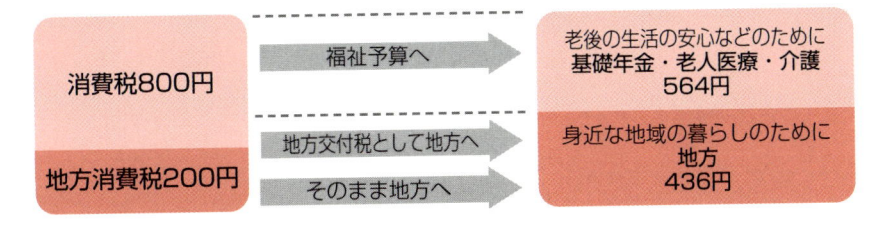

- 消費税800円 → 福祉予算へ → 老後の生活の安心などのために 基礎年金・老人医療・介護 564円
- 地方消費税200円 → 地方交付税として地方へ／そのまま地方へ → 身近な地域の暮らしのために 地方 436円

ワンポイントアドバイス

税額に関心を持たせよう

　お金を払ってモノを買うたびに、子どもでも消費税という形を通じて社会の役に立っているということを教えてあげましょう。小数のかけ算ができる子どもなら、5パーセントの税額がいくらになるか、計算させてみるのもよいでしょう。

　「総額表示方式」の導入は、将来税率をアップしたときの抵抗を少なくするためだ、との見方もあります。将来、賢い納税者になるためにも、子どものうちから税金の使いみちや税率に関心を持たせたいものです。

第2章　お金を使う

17　払ったお金はどこへ？

商品はどうやってお店にきたのか、自分たちがお店に払ったお金はどこへ行くのか、という「お金と商品の旅」について知ることはとても大切なことです。たくさんの人たちによって自分たちのくらしが支えられていることを認識できます。

商品が手元に届くまで

商品はたくさんの人たちの手を経て、私たちの元へやってきます。この生産者から消費者への旅を「流通」といいます。たとえば野菜が、私たちの今晩のおかずになるまでにどんな旅をしてきたのか、その流通経路を見てみましょう（図17-1参照）。

野菜の流通には大きく分けて3種類のルートがあります。最も代表的なルートは、農家でつくられたあと、農協などの出荷団体に集められ、卸売市場へ運び込まれ、仲買人の手によってスーパーなどの量販店や小売業者へ分配され、お店に並べられるというものです。これ以外にも、卸売市場を通さずに、生産者や出荷団体から直接、生活協同組合などの消費者グループへ出荷するルート（共同購入）もあります。

最近ではインターネットの普及や宅配便の発達によって、生産者から直接消費者に届けられるルート（産地直送）も増えています。

● 図17-1　野菜が食卓に届くまで

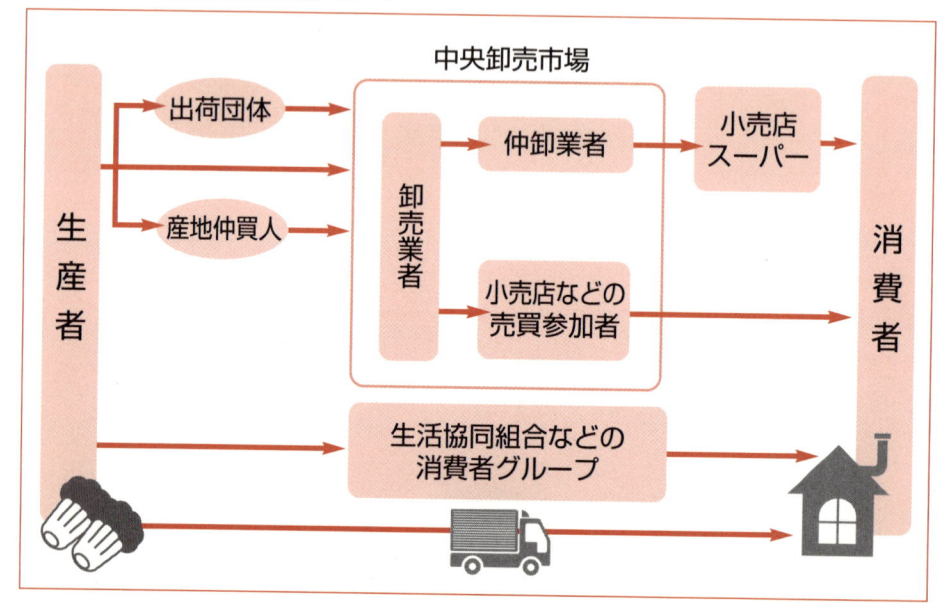

モノの値段に含まれるもの

さて、野菜にはいろんな人の手間ひまがかけられて、私たちの食卓に届くことがわかりました。このように、商品はさまざまな流通を経て消費者の元に届けられます。

たとえばもっと加工度の高い工業製品などの場合は、原材料をつくる人、商品の設計をする人、商品の宣伝をする人など、より多くの人の手を借りる（流通経路を経る）ことになります。

またお店の中でも、お金を渡したレジの人だけでなく、商品を並べる人、入ってくる商品を検品する人、商品を選ぶバイヤー、お店全体の管理をする店長さんなど、たくさんの人が働いています。

私たちが商品を手に入れるために払ったお金は、その人たちによって分配されているのです。つまり、モノの値段は、流通の過程で、原価にそれぞれの業者の利益が上乗せされて決まるのです。

● 図17-2　値段のしくみ

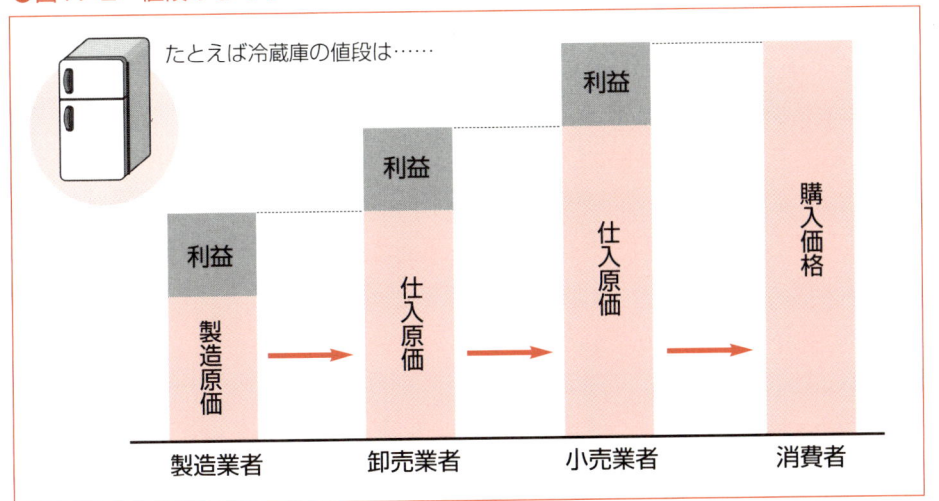

たとえば冷蔵庫の値段は……

製造業者（製造原価＋利益）→ 卸売業者（仕入原価＋利益）→ 小売業者（仕入原価＋利益）→ 消費者（購入価格）

ワンポイントアドバイス

夕食のおかずをテーマに

食卓に並んだお料理の一品がどんな旅をしてきたか、食卓の話題にしてみませんか。

たとえばマカロニサラダなら、マカロニはアメリカの農家がつくった小麦を船で運んできて、日本の工場でマカロニにして、メーカーのつくった袋に詰めてトラックでスーパーに運ばれ、店員さんに並べられ、売られて、ここまできたこと。ハムは、キュウリは、マヨネーズは……と考えると、自分たちが食べるマカロニサラダには、どれだけの人の手が加わっているかよくわかりますね。

このように、商品にはたくさんの人たちの思いが込められていることがわかると、モノを大切に扱う心も養われるのではないでしょうか。

第2章　お金を使う

第2章　お金を使う

18 初めてのおつかい

初めておつかいを頼むとき、親はとても不安なものです。けれども、子どもがやる気を出しているときこそがチャンス。まだ無理だろうなどと思わず、ぜひトライしてみてください。ここで述べる要点をきちっと押さえれば大丈夫です。

周辺の道路事情を確かめる

大きな交差点を渡る、あるいは人通りの少ない道路を通るなど、道中に危険が潜んでいそうな場所へのおつかいは避けましょう。初めてのおつかいは、親子でいつもよく行くお店や顔なじみのお店など、子どもに安心感があるところがいいでしょう。

子どもが知っている商品をひとつ

まずは、ひとつの商品を買ってきてもらうことから始めましょう。それも、子どもが見たことも聞いたこともないようなものではなく、食卓や洗面所などで日ごろからよく目にしている生活に密着したものがいいでしょう。

また、子どもが商品を探して店内をちょろちょろ行ったり来たりするのは、ほかのお客さんの迷惑にもなります。お店のどのあたりに置いてあるか、大体の場所を教えてあげることは大切です。

メモを持たせる

　品名やおおよその値段、必要な量など、買うものについてのメモがあれば、うっかり頼まれた品物の名前を忘れてしまったときや、商品棚を探しても見つからないときにお店の人の助けを借りるきっかけにもなります。

　でも、最初からお店の人の手助けを意識した書き方ではなく、あくまでも子どもが自分で読めるように書いてください。字の書ける子どもであれば、本人にメモをとらせてもよいでしょう。

予算に見合ったお金を渡す

　普段よく買っているものであれば、おおよその値段はわかりますよね。子どもに不必要にたくさんのお金を持たせるのは、落としたりなくしたり、あるいはおつりを勝手に使ってしまったりなどのトラブルの元です。なるべく大きなおつりが出ないよう、持たせる金額には気をつけましょう。

　さらに、子どもに予算を伝えておくことも大切です。同じ品物でも、産地やメーカー、その他によって値段がかなり異なる場合があるため、「○○円くらいで売っている△△」という指示は、子どもが商品選びに迷わないためにも必要です。

アンケートから

　子育てグッズ＆ライフ研究会の小学2年生から4年生の子どもを対象としたアンケート調査の結果では、子どもだけで買い物に行ったことがあると答えた人は、全体の93.2％とほとんどでした。そのうち、初めて子どもだけで買い物をした時期を聞くと、小学校入学以前が22.7％、小学1年生が30.0％、最も多かったのが小学2年生で30.9％でした（P121参照）。

　おつかいを頼まれた品物は、一番多いのが「生鮮食料品類」で、ついで「牛乳」。子どもが好きな「お菓子」が3番目でした。また、おつかいに行く場所（複数回答）は、スーパー、コンビニがいずれも62.7％でしたが、「近所の商店」へも多くの子どもが行っていました。

不安になったら戻ってこさせる

　初めのうちは途中で引き返してくることがあるかもしれません。徐々にひとりで行けるようになるよう、見守ってあげてください。「わからなくなったら帰っておいで」と、ひと言かけて送り出してあげるといいですね。

ワンポイントアドバイス
おつかいから帰ったら感謝のことばを忘れずに

　おつかいを頼むときは、寄り道をしないよう約束させる、自宅の電話番号を言えるようにする、防犯ブザーを持たせるなど、子どもの安全には十分に気をつけてください。きょうだいがいれば一緒に行かせるといいでしょう。

　おつかいから帰ってきたら、「ものすごく助かったわ」と大げさなくらい誉めてあげてください。自分でできたという自信、そしてお母さんの役に立ったという気持ちが子どもの成長につながります。

　また、商品を間違えても責めないように。一番がっかりしているのは子どもです。まずは無事に帰ってきたことを喜び、ねぎらいのことばをかけ、「つぎはがんばろうね」と励ましてあげてください。

第2章　お金を使う

19 おつかい失敗談

子どものおつかいには失敗がつきものです。そしてその原因は、おつかいを頼む大人にもあります。どんな場面で、どのようなことにつまずいてしまうのか、いろんなケースを把握し、適切な指示を与えられるようにしたいですね。

気前よく買ってくれた娘にトホホ……

小学5年生のAちゃんは、お母さんに頼まれてスーパーにニンジンと小芋、牛乳を買いに行きました。

Aちゃんはたしかにお母さんに言われた通り、ニンジンと小芋、牛乳を買ってきました。けれども、いつも家で購入するものではありませんでした。なんと、普段はなかなか手の出せない高価な京野菜や産地直送しぼりたて牛乳だったのです。

青じそは青じそだけど……

おそうめんの薬味に青じそが欲しいと思ったお母さんは、小学2年生のBちゃんにおつかいを頼みました。ところがBちゃんが買ってきたのはいつもサラダにかける「青じそドレッシング」。しょんぼりしているBちゃんに、お母さんは「そうめんに使うと言わなかったお母さんがいけなかったわ」と謝りました。

おつりはだれのもの？

　小学2年生のC君は、お母さんに頼まれてスーパーに食パンを買いに行きました。C君はこれまでにも何度か食パンを頼まれて買ってきたことがあります。いつもは100円玉を2枚もらうのですが、今日は100円玉がないからということで1000円札をもらったので、おつりでレジの横にあったおもちゃを買ってきてしまいました。

　お母さんは、渡したお金は親のものだということを厳しく言って聞かせ、その代金をおこづかいの中から返させました。

近所で遭難!?

　小学1年生のD君は、1歳年下の弟と一緒に近所のクリーニング屋さんまでおつかいに行きました。1時間たっても帰ってこないので、お母さんが探しに出たところ、酒屋さんのトラックからふたりが降りてきました。

　聞けば、反対の方向に歩き出してしまい、道行く人に場所をたずねながらなんとか店について用事はすませましたが、帰り道でまた迷い、通りかかった酒屋さんのトラックに乗せてもらったというのです。お母さんはよくぞ無事に帰ってこられたと、感謝しました。

アンケートから

　子育てグッズ＆ライフ研究所が小学2年生から4年生の子どもを対象にしたアンケート調査では、約2割の子どもが就学前から子どもたちだけでの買い物を始めていました。また、「頼まれたものが合っているか心配だった」、「全部でいくらになるかわからなかった」、「消費税の計算がわからなかった」という経験を持つ子どもが3.4割いました。

　おつかいに行った子どもがとまどう原因のひとつは、商品に関する説明が不十分だったり、想定外の出来事があった場合の指示がなかったなど、頼む親側にもあります。子どもがきちっと理解できるよう、わかりやすく説明してあげたいですね。

ワンポイントアドバイス

指示はていねいに、的確に

　就学前までは、お買い物に子どもを連れて行くことも多く、子どもも親がいつも店内のどんな場所でどんな商品を買っているのかをよく見ています。しかし、小学校に入ると親のお買い物について来る機会も減り、「いつものモノ」がわからなくなってきます。親が店員にものをたずねる姿を見る機会もなくなっているため、どう聞いていいかわからなく、不安なこともあるでしょう。

　おつかいを頼むときは、「品名を詳しく」、「おおよその値段」、「店のどのあたりにあるか」、「なかったときはどうするか（やめるのか、代わりのものを選ぶのか）」を伝えておきましょう（P46-47参照）。また、おつかいのために渡すお金は親のものであり、子どもが自由に使っていいものではないことをしっかり伝えましょう。おつりを使ってしまった場合、おこづかいをもらっている子どもなら、事例の場合のように自分のおこづかいから返させることもいい経験になります。

第2章　お金を使う

20 おこづかいの使いみち

おこづかいを何に使わせるかは、その金額や与え方を決めるうえで重要です。どの程度までお金の管理を任せるかは、子どもの年齢や発達状況、家庭の方針によって異なりますが、大切なのは、ルールをしっかりと決めておくことです。

母親と一緒にお買い物

幼稚園年長組のAちゃんの家庭では、Aちゃんの「おこづかいでのお買い物」にはお母さんが必ずついていきます。「食べ物を買わない」ことと、「買う前には必ずお母さんに買っていいかたずねる」ことが、おこづかいを使うときの約束です。

一定のルールを決め、買ったモノを見せる

小学3年生のB君のおこづかいを使うときの約束は、「何を買いに、どこへ行くかを家の人に伝えてから出かけ、買ったモノを見せる」こと。そしておこづかいをもらったとき、使った日には、その日のうちにおこづかい帳をつけるという約束もしています。予定外の買い物をしたときには、本当に必要なモノだったかどうか、お母さんと一緒に話し合うことにしています。

使ってはいけないものだけを決める

小学4年生のCちゃんの家では、おこづかいの使いみちに関するルールはひとつだけ。「お友だち同士でのお金の貸し借り、おごりをしない」です。それさえ守っていれば、おこづかいを自由に使うことができます。けれども、お友だち同士でお買い物に行くときには、行き先と目的、帰る時間を家の人に必ず伝えています。

子どもに任せる

小学6年生のD君は、塾へ通うときの交通費は別にもらいますが、毎日のおやつ代を含めたおこづかいの使いみちは自由です。D君はときどき、おやつをガマンしてカードゲームを買ったりしているようですが、おこづかいの中でやりくりする練習になると思い、お母さんは知らないふりをしています。

モノには維持費が……

小学5年生のEちゃんは、おもちゃにかかるお金はおこづかいで払う約束をしています。シールやバッジがつくれたり、メールやゲームができる流行のおもちゃは電池代が高くつくので、最近あまり欲しがらなくなりました。

アンケートから

子育てグッズ&ライフ研究会のアンケート調査によると、おこづかいの使いみちベスト5（複数回答）は、以下の通りとなりました。

この結果から見ると、おこづかいは、「楽しみのため」に使うことが多いことがわかります。一方で、学用品までおこづかいの中でやりくりさせる、という家庭もありました。

1位	おもちゃ、ゲーム
2位 同率2位	お菓子、ジュース 雑誌、書籍
4位	文房具
5位	貯金

ワンポイントアドバイス

きょうだいのバランスを考えよう

上の子と下の子の年齢が離れている場合には、「上の子にはおこづかいでやりくりをさせ、下の子には親が買い与える」という場合がでてきます。そんなときに必要なのが、上の子どもの「やりくり」の気持ちをそがないような工夫です。たとえば、

- 上の子のおこづかいより少ない範囲で下の子にモノを買い与える
- 下の子にもおこづかいを与え、親が管理。買い物はその中から
- 年齢によって買ってよいものの制限をつくる

など、おこづかいをもらうことが得であるようなルールをつくれば上の子も納得するでしょう。上の子どもがおこづかいで買ったモノと同じモノを、親が無条件で下の子に買い与えることは、信頼を損ねるもとですのでやめたいですね。

第2章　お金を使う

21 欲しいモノと必要なモノ

子どもがどうしても必要だと主張しても、親から見れば限りなく無駄づかいと思えることがあります。お金には限りがあることを伝え、それが本当にないと困るものかどうか、なぜ今買わなければならないのか、子どもに考えさせましょう。

お金をかけずに欲しいモノを！

　小学3年生のAちゃんは、大好きなキャラクターのついた手提げカバンが欲しいと思っていました。でもそれはとても高く、ひと月500円のおこづかいではとても買えません。何かいい方法はないかと考えていたとき、たまたま消しゴムを買いに行った文房屋さんで、そのキャラクターのアイロンシールが売られているのを見つけました。アイロンシールなら、付けるのも簡単だし、値段も安く、おこづかいで買うことができます。

　翌日、Aちゃんはさっそくそのアイロンシールを購入し、今まで持っていたお母さんお手製の手提げカバンにアイロンシールを付けて、お気に入りのキャラクターカバンをつくりました。

「ゲームがほしいよー　お金ちょーだい」
「知ってる？　アメリカ人のチャーリー君は、失業してお金がなかったの。」

「彼はテーブルクロスや木ぎれや紙のカードといった家にあるものを使って自分で新しいゲームを作ったのよ」

「それがすごくおもしろくて、お友だちにも大人気。ついには大人にも！」「つくってよ」「オレにも」

「世界中で大ヒット!!」　モノポリー　「チャーリー君はその権利で」

「おくまんちょうじゃになったのヨ！　いいお話でしょう？」「そのおもしろいゲームかってよー」

差額はおこづかいから……

小学4年生のB君は、筆箱が壊れたので、お母さんと一緒に新しい筆箱を買いにデパートに行きました。B君の家では、学校で使う文房具などはお母さんがお金を出してくれることになっているのです。

お母さんが選んでくれた筆箱は使いやすそうなものだったけれど、デザインがシンプルすぎてB君はあまり気に入らず、それより少し値段の高い別の商品が欲しいと思いました。

B君はお母さんと相談し、差額を自分のおこづかいから出すことにして、気に入ったほうの筆箱を買ってもらうことにしました。

購入計画を立てる

小学2年生のCちゃんは、新発売になったゲームソフトが欲しくなりました。でも、自分のおこづかいではとても買える金額ではありません。それでもどうしても欲しかったので、ふたつ年上のお兄ちゃんに相談してみました。

ちょうどお兄ちゃんもそのソフトが欲しいというので、ふたりの今までの貯金と、今度もらうお年玉を合わせて、一緒に買うことにしました。

欲しいモノと必要なモノの見分け方

なぜ欲しいのかを考えてみる
- 自分の夢をかなえるため（趣味やスポーツの道具など）
- 遊びのため（おもちゃやゲームなど）
- お友だちが持っているから
- TVのCMで見て急に欲しくなった
- 好きなキャラクターがついているから
- お店で見て気に入ったから
- 欲しいのは今だけではないか？
- 欲しいモノはそれだけか（優先順位は）？
- 今持っているもので代用できないか？
- 自分でつくれないか？
- きょうだいやお友だちに借りて済ませられないか？

予算の立て方
- ひと月のおこづかいで買えるか？
- 貯金を使えないか？
- 新品を買う以外の方法はないか？
- リサイクル品やレンタルは？
- きょうだいなどと共同で買えないか？
- どうしてもお金が足りないときはどうする？
- 誕生日やお年玉がもらえるまで待つ
- おこづかいを節約して貯める

ワンポイントアドバイス

子どもの自主性を大切に！

どう考えても必要だと思えないモノに子どもがお金を出そうとすると、親はつい口をはさみたくなりますよね。そして案の定、すぐに見向きもしなくなると、「ほらやっぱり」と思ってしまいがちです。

しかし、子どもにとってはそれも勉強のひとつ。人生には楽しみも無駄も必要です。そのときのワクワクした気分にお金を払うということがあってもよいでしょう。杓子定規に指導せず、長い目で見て子どもの自主性を重んじることも大切です。

第2章　お金を使う

22 お年玉の管理と使いみち

たくさんお年玉をもらったからといって、欲しいモノを自由に買わせることは、無意識のうちにぜいたくや浪費癖をつけることにもなりかねません。できるだけ有意義な使い方ができるよう、管理方法について親子で話し合いましょう。

報告さえすれば、使いみちは自由

　小学6年生のA君の家庭では、昨年からお年玉の管理をA君自身に任せていますが、どのように使うかは必ず報告させるようにしています。

　昨年は、2万円もらったお年玉のうち、1万円を貯金して、残りはお友だちと遊びに行くときや、どうしても欲しくなったゲームソフトを買うために使いました。

お年玉で親孝行

　中学3年生のB子ちゃんは、お年玉を自分で管理するようになった中学1年生のときから毎年、お年玉を使って年に一度、両親をレストランに招待してご馳走してあげています。

　両親はとても喜んでくれるし、B子ちゃんもここぞとばかりに威張って楽しそうです。

親の管理から話し合いの形に

　小学2年生になるC君は、今年初めてもらったお年玉の合計金額を自分で数え、そのお金でゲームのソフトが買いたいと言い出しました。これまでは、C君のお年玉は全部お母さんが預かって、C君の洋服などを買い、残りはC君名義の貯金にまわしていたので、C君は自分がいくらお年玉をもらっているか、知らなかったのです。

　お母さんはクリスマスにもゲームソフトを買ってあげたばかりなので、迷いましたが、残りは貯金するという約束でOKしました。

貯金はだれのもの？

　中学2年生のD子さんの家庭では、小さいころからD子さんが自由に使えるお年玉は1000円だけで、あとはお母さんが全額貯金することになっていました。

　D子さんは、いつかその貯金を自由に使える日がくると思って楽しみにしていましたが、中学に入学するときに新しいピアノを買ってもらったときの足しとして、全額使われていたことを知り、ちょっぴり悲しい気持ちになりました。

統計から

　みずほ銀行の「お年玉調査リポート（2003年版）」によると、お年玉の使いみち（予定）では「玩具」が43.4％でトップ、「使わない」が15.6％でした。お年玉の一部を「預金するつもり」と回答した子どもは全体の71.6％で、その平均金額は1万9374円となっています。

　また、お年玉を自分で管理すると答えた子どもは4割弱。小学校高学年になると、子どもに管理を任せる家庭も増えてくるようです。さらに、高校生になると、携帯電話料金の支払いや友人との交際費など、日ごろのおこづかいの足しにお年玉を使うケースが増えるようです。

ワンポイントアドバイス

目的貯金をしよう

　幼い子どもの代わりに親がお年玉を預かる場合でも、子どもに黙って家計の足しにしたりするのはやめましょう。たとえ子どもの洋服や入学用品などに使う場合でも同じです。それは自分のお金と人のお金のけじめをなくすことになり、子どもに示しがつかなくなるからです。

　おすすめは目的貯金。将来の夢をかなえるために貯めるのであれば、子どもにも楽しみができますし、目的以外にはおろしづらいので目標額を達成しやすいというメリットもあります。お年玉を、子どもが将来の夢を考えるきっかけにしてみてはいかがでしょうか。

第2章　お金を使う

23 おこづかい帳をつけよう！

おこづかい帳をつけることは、お金の管理術を学ぶための第一歩と言えます。最初は記入方法をそのつど教えてあげましょう。おこづかい日には必ず目を通し、使い方などについて子どもと一緒に振り返る時間を持てるといいですね。

カレンダーをメモ代わりに

　小学3年生のAちゃんは、家のお手伝いをするたびに10円ずつ、おこづかいをもらっています。一日にたくさんのお手伝いをしたときは、カレンダーにその日いくらもらったかを書き込み、ある程度まとまったときや、お買い物をしたいときに、今いくらあるかを確認しておこづかい帳に記入するようにしています。

おつりはもらったお金？

　小学4年生のBちゃんのつけているおこづかい帳を初めて見たお母さんは、びっくりしました。「使ったお金」の欄には、雑誌1000円、鉛筆100円というように、商品の代金ではなくBちゃんがお店の人に渡した額が、そして「もらったお金」の欄には受け取ったおつりの額が記入されていたのです。

パソコンの表計算ソフトを利用する

小学5年生のC君は、得意のパソコンを使っておこづかいを管理しています。表計算ソフトを使えば、自分で計算する必要もないし、入力さえ間違わないように気をつければ、計算ミスをする心配もないからです。

でも、パソコンを起動させるのが面倒くさかったり、パソコンを使おうと思ったら、お兄ちゃんに先に使われていたりして、使ったその日におこづかい帳ファイルを更新できないこともあります。しばらく更新しない日が続くと、使った金額や何に使ったかを忘れてしまうのが悩みのタネです。

お気に入りのおこづかい帳と毎日にらめっこ

小学2年生のDちゃんは、8歳のお誕生日祝いにお母さんから大好きなキティちゃんのイラストが入ったおこづかい帳をプレゼントしてもらいました。どのページにもキティちゃんがついていて、まるで絵日記のようなおこづかい帳です。

Dちゃんはおこづかいを使ったり、もらったりしない日でも、毎日おこづかい帳を開いては「あ～何か書くことないかなぁ」と言っています。

手づくりのおこづかい帳

未就学児や小学校低学年ぐらいの子どもでは、市販のおこづかい帳では書いてある項目の意味がよくわからない場合があります。そんなときにおすすめしたいのが手づくりのおこづかい帳。

お金がどこからきて、どのように使って、その結果どうなったか……子どもが体験したことをそのまま自由に記入できるようなものだと、お金の出入りをイメージしやすいと思います。なるべく罫の太いノートを選ぶのがポイントです。

ひにち	1がつ18にち	2がつ1にち
おかねを くれたひと／ ことがら		おとうさん
もらったおかね		500えん
つかうために もっていった おかね	500えん	
つかったもの／ ことがら	ノート 2さつ	
つかったおかね	210えん	
おつり	290えん	
のこったおかね	570えん	1070えん

第2章 ● お金を使う

ワンポイントアドバイス
おこづかい帳の記入を習慣づけるために

大人でも、日記や家計簿を毎日つけ続けることには相当な根気が必要です。ましてや、子どもにとっては大変な努力のいる作業です。

子どもがお買い物から帰ったら、その場ですぐに記帳するよう声をかけてあげましょう。残金が合わなかったら、「？」マークでもよいのです。また、おこづかい帳をチェックして、子どもが買ったものをけなすのはやめましょう。つけ続けることができたら、いっぱい誉めてあげてください。

第2章　お金を使う

24 おこづかいが足りなくなったら……

「おこづかいが足りなくなった」。そう言われたときこそ、計画性を身に付けさせるよいチャンスです。「今回だけよ」などと足してあげるのはちょっと待って。せっかくのガマンを台なしにしないよう、心を鬼にすることも大切です。

つぎのおこづかいまでガマン！

　おこづかいをもらうようになってからお金の大切さを知り、欲しくてもガマンすることを覚える子も多くいます。ガマンすることを知らずに育つと、家からお金を持ち出したり、お友だちから無理矢理お金を借りたり、さらには万引きなどへエスカレートしてしまう危険性も考えられます。

貯金を使う

　どうしてもガマンできない場合、または おこづかいでまかなう約束の学習用品代などが足りない場合には、貯金を使うという方法もあります。
　しかし、せっかく貯めたお金ですから、貯金をおろすことを考える前に、もう一度本当に必要なモノなのかどうか、子ども自身に考えさせるようにしましょう。

1コマ目
娘：おこづかいが足りないから、ワタシの預金あるでしょ！
母：ダメよ　そんなカンタンに

2コマ目
娘：じゃあ来月分のまえがりさせて…
母：それもダメ・

3コマ目
娘：どうして？…自分のオカネなのに―
母：使いたいだけ使うなんてダメ！
父：よし！ギモンをもつのは大事だね

4コマ目
父：ネットでパパといっしょにお勉強しようか―
娘：わー漢字いっぱい…

じこはさんって、なあに？

うわーいきなりむっかしい字よめたね

ドキドキ

家のお手伝いで臨時収入を得る

子育てグッズ＆ライフ研究会のアンケート調査の結果（P119－120参照）からもわかるように、家のお手伝いに対する報酬についての考えは家庭によってさまざまです。

家庭の方針を子どもに説明し、理解させて指導しましょう。

前借りをする

「来月分のおこづかいを今ちょうだい」と言い出すことがあるでしょう。こんなときは、来月のやりくりについてきちんとした計画性を持っているのかどうかを確認したうえで対応を考えましょう。

テレビのコマーシャルなどで気軽にお金を借りられる場面を目にする子どもたちに、借金の本来の姿を教える機会でもあります（P88-89参照）。

祖父母などにねだる

身近に祖父母がいると、子どもが優しいおじいちゃんおばあちゃんを頼りにしてしまうこともあるでしょう。

しかし、これは基本的に避けたいものです。祖父母には、子どもがねだったときは親に相談して欲しいと伝えておきましょう。

リサイクルショップ活用例

小学6年生のAちゃんは、文房具はおこづかいで買う約束をしています。来週までに、図工の授業で必要な木工用ボンドを用意しないといけないのですが、今月分のおこづかいはもう残っていません。

お母さんは、ここで簡単にお金を渡してしまえばやりくりの練習にならなくなるのではないかと悩みました。どうしたらボンド代が捻出できるか親子で相談した結果、Aちゃんは、集めていたマンガのシリーズ本をお母さんに頼んで古本屋で売ってもらうことに。その結果300円以上の収入になり、無事にボンドを買うことができました。

はじめは、子どもが自分のモノをお金と交換することに不安を感じたお母さんでしたが、雑誌を廃品回収に出す量がぐんと減り、Aちゃんはあとでほかの人が読むことを考えて、汚したりシワをつけたりしないよう、本を大切に扱うようになりました。また、欲しい本はちょっとガマンして、古本屋に出回ってから安く手に入れることも覚えました。

ワンポイントアドバイス

子どもに借金をさせてみる

本来おこづかいでまかなうはずの学習用品やお友だちとのつきあいなどで、どうしてもお金が必要なのに、おこづかいが足りなくなってしまった、という場合もあるでしょう。そんなとき、「仕方がないから」と安易にお金を渡すのではなく、「親がお金を貸す」という方法をとってみてはいかがでしょう。

きちんと借用書を書かせ、利子を決め、無理のない範囲で返済する計画書を書かせます。途中で何が必要になるかわからないので、貸すお金は3カ月程度で完済できる額にすることが肝心です。子どもにとって、借金がどれだけその後の生活を縛るものかを知るいい体験になるでしょう。

第2章　お金を使う

25 お友だちのお誕生日会に呼ばれたら……

子どもがお誕生日会に呼ばれたとき、持たせるプレゼントについて、親はあれこれ頭を悩ませるものです。でも、お誕生日を祝う気持ちは、お金やモノだけでなく、いろんな形で伝えることができます。親子で一緒に考えてみましょう。

あまりにも合理的では……

引っ越ししてきたばかりの5歳のA君が通いはじめた幼稚園では、保護者同士の取り決めで、お誕生日会に呼ばれた子どもは、ひとり500円ずつ持って行き、そのお金でお誕生日を迎えた子に好きなモノを買ってもらうことになっています。集まったお金で欲しいモノが買えない場合は、その子の親が足りない分を出すこともあるようです。

たしかに、500円前後の予算で喜んでもらえるプレゼントを選ぼうと思っても（特に男の子の場合）、品物は限られてくるし、似たようなプレゼントが重なったり、片づけに苦労するような小物ばかりが集まるよりは、本人が希望する大きなモノをひとつもらうほうがいいかもしれないと思うA君のお母さん。けれども現金を渡すやり方に、少し割り切れないものを感じています。

お金をかけなくたって……

　小学1年生のB子ちゃんがお友だちのお誕生日会に呼ばれました。忘れていたのか、急に呼ばれたのか、働いているお母さんには告げず、その日学校から帰ると急いでそのお友だちの顔を画用紙に描いて持っていきました。お金で買うプレゼントが用意できなかったからか、プレゼントを買うということを知らなかったのか、ただ、絵を描いてあげたいと思ったからなのかはわかりません。
　後日そのお友だちのお母さんから「子どもが一番喜んだプレゼントだった」とお礼の連絡があり、お母さんはそのとき初めてB子ちゃんがお誕生日会に呼ばれたことを知り、びっくりすると同時にうれしく思いました。

手づくりの心温まるプレゼント

　小学3年生のC子ちゃんは、お誕生日会にお友だち数人を招きました。ほとんどのお友だちは子どもに大人気のブランドの小物やビーズのアクセサリーなどをプレゼントとして持ってきてくれましたが、ひとりだけ、小さなお菓子の缶にハギレを貼り合わせてつくった小物入れに、色とりどりの折り紙でつくった小さなカエルを何匹も入れてプレゼントしてくれた女の子がいました。

「きゃ～かわいい！」と、C子ちゃんだけでなくまわりの女の子たちにも大評判。「ごめんね、お母さんと一緒にC子ちゃんの好きなブランドのお店に行ったんだけど、私のおこづかいだと買えなかったんだ」という女の子のことばを聞いたC子ちゃんのお母さんは、プレゼントのあり方について子どもと一緒に考えようと思いました。

100円ショップで

　お友だちのお誕生日プレゼントをおこづかいから買うことになっている小学2年生のDちゃんは、いつも100円ショップでプレゼントを選ぶことにしています。動物好きのお友だちには犬の絵のついた写真立て、冬が近づいたころに呼ばれたお誕生日会のプレゼントには、学校で使ううがい用のコップを入れるおそろいの巾着袋などと、お友だちの好みや使いみちなどをいろいろ考えながらプレゼント選びをとても楽しんでいます。
　無地の包装紙で包んだあと、雑誌の付録のキャラクターシールでかわいらしく飾りつける作業も気に入っています。

ワンポイントアドバイス
TPOに配慮しつつ、個性の光る贈り物を

　子どもがお誕生日会に呼ばれたら、まずは招待する側の意向を知り、どんな形のパーティーなのかを確認することが大切です。ケーキだけではなく、お食事まで出してもらう場合には、それに見合ったプレゼントを……と思う人も多いでしょう。けれども、お誕生日プレゼントの金額でバランスをとることはおすすめできません。
　招待客に一番大切なのは、お誕生日を迎えたお友だちにお祝いの気持ちを伝えることですよね。その方法は、お金を出すこと以外にもたくさんあるはず。
　子どもには、お友だちの喜ぶモノや喜ぶことを想像する手助けをしてあげてください。お食事のお礼は、デザートや飲み物の差し入れ、または、自分の子どものお誕生日会でお食事を用意する、という親同士のやりとりのほうがいいでしょう。

第2章　お金を使う

26 家族の記念日に

家族への贈り物は、贈る側の喜びを知るいい機会です。自由になるお金が少ない分、子どもは贈り物に一生懸命知恵を振り絞ります。個性やアイデアがたっぷり詰まったプレゼントをもらったら、その喜びをしっかりと伝えてあげましょう。

おこづかいを節約して……

　小学生の仲良し3人姉弟は、お互いのお誕生日やお父さんお母さんのお誕生日に、おこづかいを出し合ってささやかなプレゼントを贈り合っています。子ども同士のときはちょっとした文房具やメッセージカード、ゲームカードなど、親のお誕生日にはもうひとりの親が参加することもあります。

パパにはコレが一番！

　1歳を過ぎたばかりのよちよち歩きのAちゃんは、お父さんのお誕生日にお母さんがカードを書いているのを見て、「自分も書きたい！」のポーズ。お母さんが同じカードを買ってきて、クレヨンを持たせると、なにやら熱心に絵らしきものを描きなぐりました。
　お父さんは何よりもそのプレゼントを喜んだそうです。

第2章 ● お金を使う

お金をかけず、アイデアで勝負

　小学4年生と2年生のふたり姉妹、BちゃんとCちゃんは、小さなころから父の日には肩たたき券をプレゼントしています。「肩たたき1回分」とていねいに手書きし、ハサミできれいに切りそろえた10枚のチケットを束ねたものです。

　母の日には同じように「お手伝い券」をプレゼントします。ときには、画用紙に大きく父親や母親の絵を描いて、下のほうに何枚かチケットをつけることもあります。

お花の色は……

　小学4年生のDちゃんは、お母さんのお誕生日に、お母さんの好きな色の白と紫の花束をあげようと思い、お花屋さんに行きました。お店のおばさんにお母さんのお誕生日のプレゼントだと言うと、「もっと明るい色のほうがいいんじゃない」と言われたので、黄色とピンクの花束にしました。

　その夜、ごちそうの並ぶテーブルに飾ってみたらとても華やかになり、こっちの色にしてよかったと思いました。

意表をつくプレゼント

　小学1年生のE君は、お母さんと相談し、お父さんに内緒で近くのスーパーで開催中の「父の日似顔絵コンテスト」に応募しました。父の日当日、お買い物を装ってお父さんをその店に連れ出したお母さんとE君は、「あれ？こんなところに絵が展示されてるわ」、「ほんとだぁ」と筋書きどおりのやりとりを交わします。それを聞いて何げなく目をやったお父さんは、突然、わが子の絵に、しかも自分を描いた絵に遭遇して大感激でした。

ひとり暮らしのおばあちゃんに

　もうすぐ敬老の日。小学6年生のFちゃんは、離れて住むおばあちゃんに何をプレゼントしようか考え中です。

　去年おじいちゃんが亡くなり、ひとり暮らしになったおばあちゃんは、きっと寂しい思いをしているに違いありません。あれこれ考えた結果、おばあちゃんがひとりでご飯を食べるときに、少しでも気分が明るくなるようにと、花と鳥がにぎやかな柄模様のお茶碗を贈ることにしました。

ワンポイントアドバイス
贈り物に込める気持ちを大切に

　子どもからの贈り物は、どんなものであれ親にとってとてもうれしいものです。そして贈ったプレゼントを親が喜んでくれたことは、子どもにとって何よりのごほうびとなるでしょう。

　そういった意味で、家族への贈り物は、子どもにとって思いやりや優しさを学ぶ大切な学習の機会でもあります。プレゼントを選ぶためには、日ごろから、家族がどんなモノが好きで、何を欲しがっているかを注意深く観察する力も必要ですし、相手の好きな色のリボンを結んだり、花を添えたりする心遣いも育まれます。

　小さな子であれば、プレゼントは何がいいかヒントを与えて、子どものアイデアを引き出す手助けをしてあげてください。

第2章　お金を使う

27 子どもに教えたい寄付と募金の意味

おこづかいでお友だちにおごるのはダメなのに、知らない人に寄付するのはなぜいいのでしょう？　町中で、あるいは学校の課外活動などで、子どもが寄付や募金の存在を知ったとき、その意味について子どもと一緒に考えてみましょう。

寄付や募金活動を行う理由

　そもそも、寄付と募金は何のためにあるのでしょうか？
　必要な人に必要なだけお金が行き渡るようになれば、世の中はすべてまるく収まりますよね。それらを社会的に統制しようとしたのが「社会主義」、市場の原理によって統制しようとしたのが「資本主義」です。けれども社会主義は、統制力を持つ人と持たない人との権力の差から矛盾などが露呈し、今では世界的傾向としてお金の流通は市場の原理、つまり資本主義に拠っている状況です。
　ただ、市場も万能ではありません。主に「資本やビジネス能力を持っている人」、つまり権力を持っている人に多くのお金が流れるしくみになっているため、それらを持っていない遺児たちや災害に見舞われた人々などは、日々の暮らしに必要なお金も不足しているというのが現状です。
　主に私たちの税金でまかなわれている「公的サービス」にも、それらの「富の再分配」を行う役割はありますが、ささやかながらも自分たちで再分配しよう、というのが「寄付」や「募金」です。
　人への分配だけでなく、自然を守る活動など、地球全体への再分配のための募金もあります（図27-1参照）。

寄付や募金から学びたいこと

　寄付や募金に共通して言えることは、だれかに強制されてするものではなく、募金の目的やその使いみちに賛同した人が自主的に行うもの。つまり、「自分の持っているものを自分の意思で分ける」ところが大切です。
　ですから、「自分が欲しいモノをほんの少しガマンして、困っている人たちのために使う」という気持ちを育てるためにも、子どもが募金をする際には、自分のおこづかいやお年玉などの中から出させるようにしましょう。
　また、募金を通じて、子どもは自分のことだけではなくほかの人のことを考え、広く世界に目を向けることができるようになります。集まったお金がどのように使われるのか、親子で話し合うなかで、今の自分がとても恵まれていること（たとえばアフリカでは4人に1人は栄養不足です）にも気がつくことでしょう。
　ユニセフなどは、かわいいカードやはがきを買うことでも募金につながるので、子どもにも楽しめておすすめです。時期に関係なく、レジ横に常時募金箱を置いているお店もありますし、お年玉を貯金するのに郵便局のボランティア貯金を利用する方法もあります。

● 図27-1　募金のいろいろ

名称	実施主体	使いみち	実施期間
赤い羽根募金	都道府県単位に組織された共同募金会	地域の福祉充実のために、主に在宅福祉サービスやボランティア育成事業、児童の事故防止、青少年の健全育成に活用	10月31日～12月31日まで（インターネット募金は通年）
歳末たすけあい募金	赤い羽根募金と同じ	赤い羽根募金と同じ	11月中旬ころ～年末にかけて
緑の募金	国土緑化推進機構および都道府県緑化推進委員会	森林の整備や緑化の推進、緑を通じた国際協力	春期：2月～5月　秋期：9月～10月（インターネット募金は通年）
ユニセフ募金	日本ユニセフ協会	主に開発途上国の子どもたちの命や健康を守り、教育環境を整えるために活用	通年
あしなが奨学金	あしなが育英会	病気や災害、自殺で親をなくした子どもたちの進学支援と心の支援	通年
盲導犬育成募金	日本盲導犬協会	盲導犬の育成	通年
メイク・ア・ウィッシュ基金	メイク・ア・ウィッシュ・オブジャパン	難病と闘っている子どもたちの夢をかなえるための活動	通年
ドラえもん子どもワクチン募金	「世界の子どもにワクチンを」日本委員会	発展途上国の子どもへのワクチン接種	通年

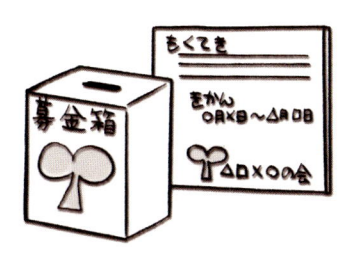

第2章　● お金を使う

ワンポイントアドバイス

インターネットで募金

　表27-1で紹介した団体のほかにも、国際協力・福祉・環境などの分野でさまざまな団体が募金をつのり、活動をしています。ホームページを開設している団体の中には、インターネット上でいつでも募金できるシステムをとっているところもあります。サイトの中には、子ども向けのページもありますので、検索して親子で一緒にのぞいて見るのもよいでしょう。

　募金をするということは、その団体や活動を応援するということです。信用できる団体か、活動報告はしっかりなされているかを確かめることも大切です。

COLUMN 2

各国のお年玉事情

　日本では、古くから新年におもちを神様にお供えし、それを家族で分けて食べたという風習があり、そのおもちのことを「トシダマ」と呼んでいたそうです。このおもちがいつしかお金に変わり、お年玉という風習になったと言われます。

　今では、中国や台湾など、アジアのほかの地域でも、お年玉の風習があるそうです。中国では近所のおじさん、おばさんからももらえるので、かなりの金額をもらう子どももいるということです。

　もちろん、欧米諸国ではお年玉の風習はありませんが、クリスマスにはかなりのプレゼントを手にする子どもが多いようです。

　一方、戦火の傷跡が生々しいアフガニスタンなどでは、多くの小さい子どもが学校にも行けず、家計を支えるために働かなくてはならず、お年玉など遠い国の夢物語にすぎません。

第3章
お金を貯める

　この章では、おこづかいやお年玉を全部使いきってしまわずに、その中から一部を少しずつ貯めて予定外の出費に備えたり、欲しいモノを買うためのトレーニング方法について考えます。
　子どもにお金の使い方に計画性を持つことの大切さを伝えるとともに、預けたお金のゆくえについて親子で一緒に考え、金融機関の役割や利息の生まれるしくみまで理解することを目的としています。

第3章　お金を貯める

28 目的を決めよう！

欲しいモノが手持ちのお金で買えない場合、「お金を貯めて買う」ことを子どもに教えるいい機会です。「○○を買おう」という目的を持つことにより、子どもはこれまで何げなく使っていたお金を大切に感じるようになるでしょう。

お父さんのお誕生日プレゼントを買いたい！

　小学4年生のAちゃんは、来月やってくるお父さんのお誕生日にハンドタオルをプレゼントしてあげたいと思っています。お父さんはいつも汗をかきながら仕事をしているからです。

　ハンドタオルは100円ショップにも売っています。デパートだと500円くらいしますが、小さな箱に入れてきれいなリボンをつけてもらえるので、Aちゃんはデパートで買いたいと思っています。

　おこづかいは毎月500円もらっていますが、一度に全部は使いたくありません。お母さんに相談すると、家のお手伝いを1回するごとに10円もらえることになったので、1カ月間、毎日洗濯物をたたむお手伝いをして300円貯めようと決めました。

【コマ1】おこづかいをもらったら、

【コマ2】すぐに小銭に換えて　ます預金。

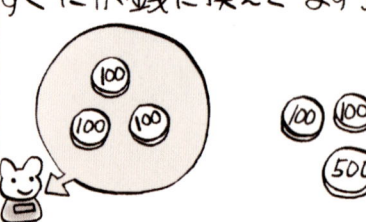

【コマ3】のこりは自由に使う。

【コマ4】目的のお金がたまるのは半年後。その日には!!

【コマ5】1000円全部使えるようになるのがたのしみ

あれ？ためて買うグローブよりもそっちがたのしみになっちゃった？

新しいグローブが欲しい！

リトルリーグで野球をがんばっている小学5年生のB君は、愛用しているグローブのひもがちぎれそうになってきたので、そろそろ新しいグローブが欲しいと思っています。いつもよく行くスポーツ店で値段を調べると3000円でした。今年もらったお年玉が1500円ほど残っているけれど、まだまだ足りません。

B君は考えました。毎月1000円もらっているおこづかいのうち、300円を使わないようにして貯めると、6ヵ月で1800円。半年たてば新しいグローブを買うことができるとわかったB君は、ちぎれそうなひもをお母さんに糸で縫い付けてもらい、半年間は古いグローブを使うことにしました。

お友だちと同じキャラクターえんぴつが欲しい

小学1年生のCちゃんはお友だちの持っているキャラクター入りのえんぴつが欲しくてたまりません。でも、家には親戚のおばさんから入学祝いにもらったえんぴつがまだ1ダース残っています。

おこづかいを貯めておけば、今あるえんぴつを全部使いきるころにはお友だちと同じえんぴつが買えると思ったCちゃん。お母さんと一緒にお買い物に行くときにいつも買っていた10円の当たり付きキャンディを、2回に一度はガマンして貯めようと思いました。

統計から

みずほ銀行の「お年玉調査レポート（2003年版）」によると、東京都内に住む小学校高学年（4年生〜6年生）のうち、7割以上の子どもが自分の通帳を持っています。貯金の目的の1位は「持っていると無駄づかいするから」（43.2％）、2位は「大人になったときにお金が必要だから」（38.9％）、「お父さん、お母さんにすすめられたから」（37.5％）が第3位でした。

特に欲しいモノがない場合は、「1000円貯まったら銀行や郵便局に預けよう」というのを目標にしてもいいかもしれませんね。

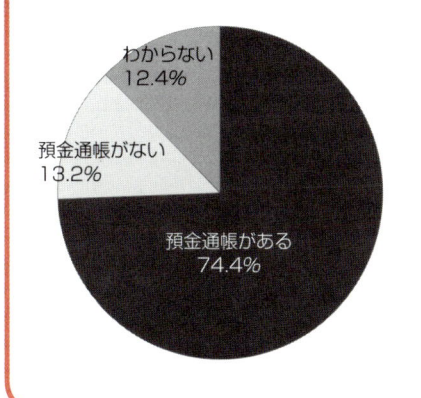

- わからない 12.4％
- 預金通帳がない 13.2％
- 預金通帳がある 74.4％

第3章　●　お金を貯める

ワンポイントアドバイス

「余ったら貯める」はNO！

おこづかいを貯めようと思ったら、財形貯蓄の要領で、一定額を最初からないものとして先に貯金箱に入れてしまい、残りのお金でやりくりをさせるのがコツです。「余ったら貯めよう」と思っても、そうはうまくいかないもの。結果的に目的が遠のいてしまうことにもなりかねません。買いたいモノを想像しながら、貯めるたびに目的に近づいていく時間は、ワクワクする楽しいものとなることでしょう。

第3章　お金を貯める

29 貯金箱を使おう！

貯金箱はおこづかい帳と同じく、お金の管理を任されている子どもの必需品です。お財布代わりに使えるものや貯めることを目的としたものなど、いろんなタイプの貯金箱が市販されていますが、目的に応じた貯金箱を選ばせたいですね。

目標額に達するまでは絶対に……

　小学4年生のA君の趣味はプラモデルづくり。この前お店で見つけた船のプラモデルが欲しくてたまりません。値段は2100円。

　A君は毎週土曜日におこづかいを100円もらっていますが、いつもすぐ使ってしまうので貯金箱の中はからっぽです。「21回貯めれば買えるのよ」とお母さんに言われ、貯金に目覚めたA君は、牛乳パックを利用してお金を簡単に取り出せない貯金箱をつくりました。これまで使っていた貯金箱と違って、取り出し口のない、頑丈な貯金箱です。

　途中、2回ほど、入れずに使ってしまったことがありました。お金を入れたあとに後悔したこともありましたが、箱を壊さない限りお金を取り出せない貯金箱の効果もあって、半年後にめでたく目標額に到達。お店に行くと、なんと以前欲しかったモノよりかっこいい新製品が出ていて大喜びのA君でした。

とりあえず「貯める」

　小学3年生のBちゃんは、お父さんの自転車を磨くたびにお父さんから20円のおだちんをもらい、お誕生日にお友だちからもらったかわいいウサギの貯金箱に入れています。

　欲しいモノはたいてい月々のおこづかいでやりくりできるので、貯金箱の中の10円玉は増えるばかり。Bちゃんはうれしくって仕方がありません。時々取り出して、いくら貯まったか数え、「いっぱいになったら何を買おうかなぁ」、「お母さんに100円玉に替えてもらって、100円玉でいっぱいにしようかなぁ」などとあれこれ考えています。

お財布代わりに使う

　小学5年生のCちゃんは、毎月1日に500円のおこづかいをもらうと、とりあえず全額貯金箱へ入れます。普段はあまりおこづかいを使わないので、結構貯まっていきます。

　家族のお誕生日プレゼントを買うときやお友だちとお買い物に行くときは、そこから必要な金額だけ出してお財布に入れていき、残ったお金は貯金箱に戻します。おこづかい帳もつけているので、貯金箱の残高はいつもしっかりわかっています。

　先日おばあちゃんからもらった1000円は、机の引き出しの中にしまっているおせんべいの空き箱に入れました。お札は貯金箱には入れにくいので、おせんべいの空き箱をお札用の貯金箱に使っているのです。

世界にひとつの手づくり貯金箱

　市販の貯金箱にもいろんな種類がありますが、買うにはそれなりにお金も必要です。お金をかけず、ちょっとした手間ひまをかけて、自分だけの貯金箱をつくってみませんか？

　日本郵政公社では毎年、小学生を対象とした「私のアイデア貯金箱」コンクールを開催しています。これは、貯金箱づくりを通して、子どもたちに貯蓄に対する関心を高めてもらうと同時に、子どもの造形的な創造力を伸ばしてもらおうという目的で行われているものです。

　毎年7月中旬から9月上旬までが応募期間で、通っている学校が応募の窓口となります。夏休みの自由工作に、親子で一緒に貯金箱をつくってみてはいかがでしょう。

ワンポイントアドバイス

貯金箱を自宅用のお財布の代わりに

　貯金箱はお金を貯めるだけのものではありません。子どもがたくさんお金を入れて持ち歩くことは、衝動買いや無駄づかいにつながるばかりか、思わぬ事件や犯罪に巻き込まれる恐れもあります。余分なお金を持ち歩かずにすむよう、開閉自由な貯金箱を自宅用のお財布として使うことができます。

　貯金箱を持っていない場合は、お菓子の缶や空き箱などを利用し、オリジナルの貯金箱をつくるのも楽しいでしょう。

第3章　お金を貯める

30 通帳をつくってみよう！

ある程度の年齢になれば、子ども名義の口座を自分自身で開かせ、通帳の管理を任せることも大切です。どこに預け、どんな種類の通帳をつくるのか、子どもと相談しながら目的に応じた預け方ができるよう手助けしてあげましょう。

「預金」と「貯金」の違い

銀行に預ける場合を「預金」（※）、郵便局に預ける場合を「貯金」と言います。銀行は1円から預金をすることができますが、1000円以上ないと利息はつきません。郵便局は10円から貯金することができ、利子は10円からつきます。
（※農協は財務省の管轄で、銀行に分類されますが、預金ではなく「貯金」といいます）

通帳の種類

●普通預金／通常郵便貯金
出し入れが自由で、キャッシュカードをつくることができますが、利息は安めです。

●定期預金／定期郵便貯金
最初に預ける期間（1カ月、3カ月、1年、3年など）を決めることによって、普通預金／通常貯金よりも高い利率の利息がつきます。「自動継続」を選んでおけば、期間満了後も繰り返し定期預金／定期貯金となりますが、それ以前にお金を引き出すと「解約」となり、利息は普通預金／通常貯金の利率で計算されます（P78-79参照）。

●郵便局の定額貯金
半年以上預ければ、最長10年までの間、いつでもお金を引き出すことができます。

●郵便局の国際ボランティア貯金
通常貯金などの受取利子を、開発途上地域の人々の福祉の向上のために活動するNGO（民間援助団体）に寄付する貯金です。寄付割合は、利子相当額の20〜100％の間、10％単位で自由に決めることができます。

●その他
毎月決まった額を積み立てていく「積立定期預金」、一定の金額（10万、30万など）以上あれば普通預金／通常貯金より少し有利な利息（利子）がつき、出し入れ自由な「貯蓄預金」／「通常貯蓄貯金」、商売や事業に使うためのお金を預ける「当座預金」（利息はつかないが、手形や小切手を発行できる）、利息が非課税で、外貨で預ける「外貨預金」／「外貨貯金」などがあります。

通帳とキャッシュカードのつくり方

　預け先、預け方が決まったら、子どもと一緒に通帳をつくりに行きましょう。
　備え付けの「新規口座申込み用紙」に、住所・氏名・生年月日・年齢などを記入し、自分の順番が来たら、預けるお金・印鑑・健康保険証などと一緒に窓口に提出します。
　このとき、必要であれば、一緒にキャッシュカードの発行を申し込むこともできます。キャッシュカードがあれば、通帳と印鑑がなくても、また窓口業務が終わった時間帯でも、ATM（automatic teller machine＝現金自動預払機）でお金を出し入れすることができ、とても便利です。
　キャッシュカードの申し込み時に登録する4桁の暗証番号は、他人に悟られにくい数字の組み合わせにしましょう。通帳はその場で発行されますが、キャッシュカードは1週間前後で自宅に郵送されます。

●図30-1　口座の開設に必要なもの

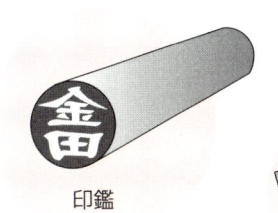

印鑑

預けるお金
（銀行は1円から、郵便局では10円から口座を開くことができます）

健康保険証書など
（本人であることが証明できるもの）

ワンポイントアドバイス
生活ニーズに合わせて選びましょう

　かつては通常貯金／普通預金に比べて、定額貯金／定期預金の金利はかなりよかったのですが、ここ数年、金利は最低水準で大差がなくなり、定額貯金／定期預金のメリットが薄れています（2004年3月31日現在　定額貯金1年もの0.030%　通常貯金0.005%）。
　また、金融の自由化に伴い、預金金利は銀行ごとに自由に決められるようになったため、わずかですが、銀行によって金利が異なります。さらに、銀行独自のサービスが登場したり、各種手数料なども銀行によって異なるため、生活ニーズに合った銀行、預金方法を選んでいくことも大切です。

第3章　お金を貯める

31 口座を開いたら……

幼児の場合、通帳やはんこは保護者が管理したほうが安全ですが、身のまわりのことがほぼできるようになった子どもであれば、任せてみてもいいでしょう。通帳やはんこ、キャッシュカードの大切さについて教えるいい機会になります。

お金を動かす大切な道具

口座を開いたときに使ったはんこは、その口座からお金を引き出すときなどのさまざまな手続きの際に、その金融機関が預金者／貯金者本人であるかどうかの確認や意思確認として利用するものです。つまり、このはんこは、これひとつで口座のお金を自由に動かすことのできる、とても大切な道具なのです。

文房具屋さんなどで売られている三文判は、値段も安く、よほど珍しい名字でない限りどこでもすぐに買えます。けれども、裏を返せば他人も同じものを簡単に入手できるということ。はんこはお金を動かす大切な道具ですから、通帳をつくるときは、まず一緒にはんこ屋さんに行って、子ども専用のはんこをつくってあげたいものです。すでに三文判で口座を開いた人も、窓口で手続きをすることによって届け出印を変更することができます。

またキャッシュカードも、カードを所持し、4桁の暗証番号を知っていたら、本人でなくても口座のお金を自由にATMから引き出すことができます。落としたり、盗まれたりしても、他人に簡単にお金を引き出されないようにするために、生年月日や電話番号など、自分にちなんだ（他人が連想／想像しやすい）数字などはなるべく避けましょう。キャッシュカードの暗証番号は、ATMの操作でも変更することができるので、定期的に変更することをおすすめします。

はんこを押すときの注意

はんこを押す前には、「どのような内容に対してはんこを押すのか」をきちんと確認させるようにしましょう。銀行や郵便局の約款は、字も小さく、表現や内容も子どもにとって理解しづらいものですが、内容の一部だけでもかみくだいて説明してあげてください。

ただ言われた通りに押すのではなく、「わからないことがあれば、わかるまできちんと説明を求める」、「内容をきちんと確認し、承認（OK）の意味で押す」という習慣を、子どものころからつけることはとても大切です。将来、悪質商法にひっかからないためにも、ぜひ徹底するように指導しましょう。

また、はんこはその印影が同じものであることを確認するためのものです。「印面」というくらい、自分の顔と同じように大切なものなので、ほかのはんこと明確に区別できることが求められます。以下の注意点に気をつけ、鮮明に押せるようにしてください。
① カスレや欠けがないようにする
② 朱肉をつけすぎない→朱肉をつけすぎると印影が鮮明になりません。
③ 重ね押しはしない→印影が薄かったからと、その上から二重に押すと、かえって印影がわからなくなります。ボールペンで2本の線を引いて消し、その横に押し直す。

通帳とはんこ、キャッシュカードの管理

なくしたり落としたりしないために、まずは、必要のないときは持ち歩かないようにすることが肝心です。

通帳とはんこは、別々の場所に保管したほうがいいでしょう。同じ場所に置いておくと、万が一、空き巣などに入られたときに、口座にあるお金を全額、あっさり引き出されてしまうことにもなりかねません。どちらか一方を親が預かるというのもよい方法でしょう。

また、キャッシュカードは、絶対に他人に貸したり預けたり、暗証番号を教えたりしてはいけません。子どもが保管すると、手続きが簡単なだけに頻繁にお金を引き出すことにもなりかねないので、お金のやりくりに責任を持てるようになるまでは、保護者が預かっていたほうがいいでしょう。

ワンポイントアドバイス
はんことサインの違い

海外でははんこの代わりにサインを使うのが一般的ですが、日本ではクレジットカードを利用するときや、「署名および捺印」という形での利用が多いようです。「本人の意思を確認するため」という目的は、はんこもサインも同じですが、サインは印影の代わりに筆跡で同一人物かどうかを確認します。サインは楷書体である必要はないので、欧米では偽造防止のため、ほとんど文字としては読めないオリジナルのサインを使う人が多いようです。

年齢が低いうちはサインだけを使う機会はほとんどないと思いますが、通帳をつくるときには、はんこもサインも大切な本人の意思確認の印だということをきちんと伝えましょう。

第3章　お金を貯める

32 銀行と郵便局のしくみ ❶
預けたお金はどこへ？

預けたお金がどうなるかは、子どもの気になるところでしょう。「私のお金、銀行のどこにしまってあるの？」、「僕のお金、どの人が預かってくれてるの」と聞かれたら、銀行や郵便局のしくみをわかりやすく説明してあげてください。

銀行の種類

銀行には日本銀行・都市銀行・地方銀行・信用金庫・信託銀行・信用組合・農協などいろいろな種類があります。

中央銀行ともいわれる日本銀行は、「銀行の銀行」といった役割を担い、日本でただひとつ日本銀行券（お札）を発行する銀行です。日本銀行には、私たち個人が預金をしたりすることはできません。日本銀行は「政府の銀行」とも呼ばれ、政府のお金を預かると同時に、政府にお金を貸しています。また、資金が不足した民間の金融機関にもお金を貸しています。

その他の銀行は、仕事の対象地域や内容によっていくつかの種類があります。

銀行は財務省の管轄で、郵便局は総務省の管轄です。

●図32-1　お金の流れ

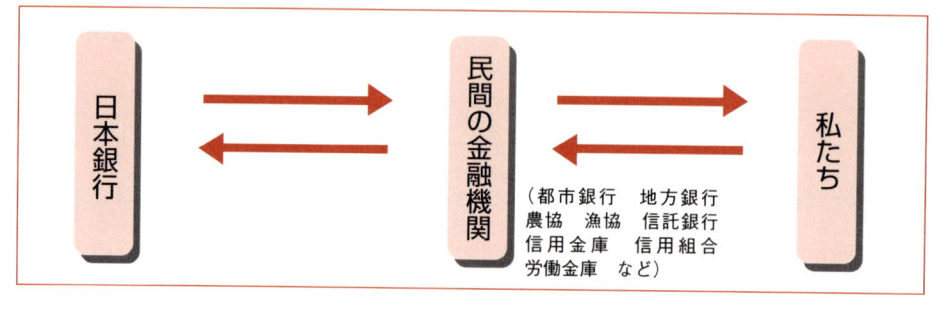

日本銀行 ⇄ 民間の金融機関 ⇄ 私たち

（都市銀行　地方銀行
農協　漁協　信託銀行
信用金庫　信用組合
労働金庫　など）

銀行と郵便局の役割

銀行はお金を預かる仕事のほか、お金を貸す仕事、為替（送金）の仕事などをしています。

郵便局の役割も、これらの業務を行う点では同じですが、銀行と異なる一番大きな特徴は、郵便業務を取り扱っていることです。また、これまでは保険（共済）業務を取り扱っていることも銀行との大きな違いでしたが、最近では、金融の自由化に伴い、保険業務に参入している銀行もあります。

●表32-2　銀行と郵便局の役割

銀行の主な3つの仕事	郵便局の主な3つの仕事
預金の仕事	郵便の仕事
貸し出しの仕事	貯金の仕事
為替（送金）の仕事	共済（保険）の仕事

預けたお金の使われ方

預けたお金のゆくえは銀行と郵便局とで異なります。

銀行に預けられたお金は、個人や会社に貸し出され、マイホームを建てるためやマイカーを購入するため、子どもを大学に通わせるための個人の資金になったり、設備投資や研究開発などのための企業の資金として使われます。

一方、郵便局に預けられたお金は、いったん財務省に集められたあと、住宅金融公庫などの公共機関に低い金利で貸し出され、住宅建設や道路整備などの資金として使われます。

●図32-3　預けたお金のゆくえ

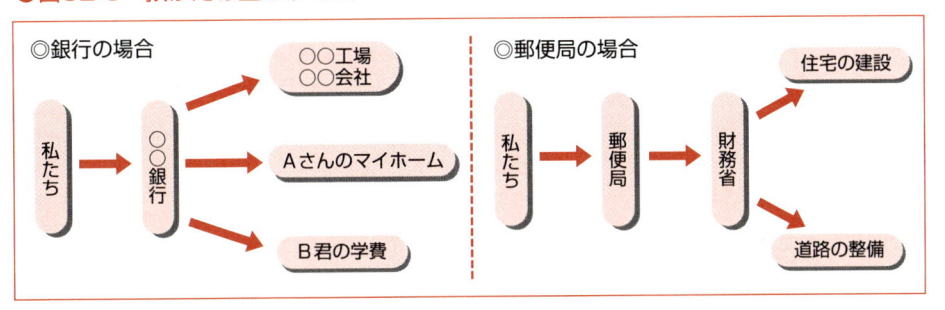

◎銀行の場合
私たち → ○○銀行 → ○○工場／○○会社、Aさんのマイホーム、B君の学費

◎郵便局の場合
私たち → 郵便局 → 財務省 → 住宅の建設、道路の整備

ワンポイントアドバイス

預けたお金は絶対安心？

もしも銀行が倒産してしまったら、私たちのお金は戻ってくるのでしょうか。

日本にも2002年にペイオフ制度が導入されました。この制度は簡単に言うと、「金融機関が潰れても、預金保険機構が消費者の財産を1000万円とその利息までは保護して払い戻しますが、それ以上の金額は保証できません」ということです。ただしすべての預金が保護されるわけではなく、外貨預金などペイオフ制度の対象にならない種類の預金もあります。

お金を預ける際は、格付けなどを参考に、健全な経営をしている金融機関を選ぶことが大切です。リスクの少ない銀行預金か、それともリスクは大きくても利益の大きい方法か、これからは自分の責任で財産を運用、管理していく時代と言えます。わからないことは銀行協会やFP（ファイナンシャル・プランナー）などのいる相談機関に問い合わせてみましょう。

第3章　お金を貯める

33 銀行と郵便局のしくみ ❷ 利息について

　銀行や郵便局にお金を預けておくと、少しずつ利息がついて増えていきます。「僕の代わりに預かってくれるのに、どうしてお金がもらえるの？」。子どもが興味を示したら、銀行や郵便局のしくみについてさらに理解を深める機会です。

利息が生み出されるしくみ

　銀行や郵便局は、お金を預かるだけではなく、お金を貸す仕事もしていましたね。たとえば銀行なら、個人や会社に、マイホームやマイカーを購入したり子どもを大学に通わせるための資金や、設備投資や研究開発などの資金などを貸し出しています（P76-77参照）。

　銀行からお金を借りた個人や会社は、借りたお金を使って利益を得たことのお礼として、借りた金額と借りた期間に見合うお金を銀行に払わなければなりません。これが「利息（利子）」と呼ばれるものです。

　会社を例にとると、銀行からお金を借りた会社は、そのお金を元手に設備投資をしたり、新たな製造技術を開発したり、社員を増やしたりしてモノやサービスを生み出します。こうして得た利益の中から、借りたお金と利息を約束の期日までに返済します。「利息」とは、文字どおり「利益が生み出す息子」であり、「利益の子ども」であることがわかりますね。

　ところで、銀行がこれらの個人や会社に貸すお金の中には、当然、私たちが預けたお金も含まれています。つまり、お金を預けている私たち（預金／貯金者）の立場から見ると、お金を「預かってもらっている」と同時に、銀行が利息という利益を得るための資金として「貸してあげている」ということが言えます。だからこそ、私たちはお金を返してもらうとき、つまりお金をおろすときに利息がもらえるのです。

　お年玉を銀行に預けた子どもが手元に残した小銭でお菓子を買う、といった些細な行為も、お菓子メーカーの利益の一部を担うことであり、その利益が銀行に返済され、預金者への利息としてその子に支払われることがありえるのです。

利子という名の子供がふえる。

利息はどうやって計算するの？

預けたお金に1年間でどれだけの利息がつくかという割合を表すのが「利率」で、「％」で表されます。お金を借りるときにも同じように利率が決められ、このお金の貸借によって生じる利息や利率のことを「金利」と言います。

たとえば利率が1％の場合、銀行に1000円を1年間預けると10円の利息がつくということです。

● 利息の計算式
　元金（もとのお金）×金利×期間＝利息

● 例題
　郵便局の定額貯金に1年間、1万円を預けると、利息はいくらになるでしょう。2004年3月31日現在の1年ものの定額貯金の金利は0.030％です。この計算式を使って計算してみましょう。

＜式＞
　10000×0.0003（0.030％）×1＝3
＜答え＞
　3円

金利を決めるのはだれ？

銀行は預金者から預かったお金のほかに、日本銀行からもお金を借りて個人や会社に貸し付けています（P76-77参照）。この日本銀行からお金を借りるときの金利を「公定歩合」と言います。

公定歩合が上がると、銀行は貸出金利を上げて、損が出ないように対処します。そうすると、個人や会社はマイホーム計画を先延ばしにしたり、事業の拡張や設備投資を見送ったりします。だれだって、金利の高いときに多額の借金をしようとは思わないからです。

また、貸出金利が上がると、それに応じて預金金利も上がります。そうなると、お金を使うより預けるほうが得に感じられ、消費を控え、貯蓄にまわすようになります。つまり、モノが売れなくなり景気が悪くなります。

日本銀行は、公定歩合を引き上げることで景気を沈静化させ、引き下げることで景気を上昇させる役割を担っているのです。

● 表33-1　主な預貯金の利率　　　　　　　　　　　　　　　　　　　　（2004年5月31日時点）

商品	金融機関	運用期間	金利
普通預金	都銀	—	0.001
通常貯金	郵便局	—	0.005
期日指定定期預金	都銀	3年	0.040
スーパー定期	都銀	1年	0.030
スーパー定期300	都銀	1年	0.030
大口定期	都銀	1年	0.030
割引金融債	都銀	1年	0.060
ワイド	都銀	5年	0.102
定額貯金	郵便局	6カ月-1年未満	0.020
貯蓄預金(10万円)	都銀	—	0.010
貯蓄預金(100万円)	都銀	—	0.010

第3章　お金を貯める

34 貯金をおろす

貯金のおろし方は、預け方（通帳の種類）によって異なります。どこで、いつおろせるのか、何が必要なのか、ATMの操作方法や窓口での手続きなどについて、子どもと一緒に確認してみましょう。

小学生でも窓口でお金をおろせる？

期間を決めて預け入れている定期預金や定額貯金などからお金をおろす場合、原則として（キャッシュカードでおろすの項参照）窓口での手続きが必要です。銀行でも郵便局でも、原則として窓口で本人名義の通帳と届け出印を提示すれば、小学生でもお金をおろすことは可能です。

しかし、子どもの場合、保険証など住所の確認ができるものの提示を求められたり、保護者に確認の連絡をとったりすることもありますので、親が付き添ってあげたほうがいいでしょう。

手続きの際には、貯金の種類によって記入する用紙が異なること、払出金額の数字の前に「￥」を忘れずにつけることを教えてあげてください。

キャッシュカードを使っておろす

出し入れ自由な普通預金や通常郵便貯金などは、ATMでも簡単におろすことができます。それだけに、子どもにATMの操作方法を教えるときには、貯金の目的をいま一度確認させ、安易に取り崩すことのないよう指導したいものです。

さて、ATMを操作するときには、暗証番号を人に知られないよう気をつけさせてくださ

い。番号を声に出して確認したり、知らない人に操作を手伝ってもらったりしてはいけません。そしておろしたお金をきちんとしまってから機械の前を離れるように指導してください。

特に気をつけたいのが普通預金と定期預金が一緒になった総合口座などの場合です。おろしたい金額が普通預金の残高では足りない場合、定期預金から自動的に差額分が引きおろされてしまいます。これは、自分の定期預金からお金を借りたことになり、決められた利率の利息がつきます。気がついたときには定期預金がほとんど空っぽになっていた、ということにならないよう、このしくみはしっかりと教えてあげてください。

利息計算書を見てみよう

定期預金などをおろしたときに発行される「利息計算書」には、預けた元金や預け入れ期間、利率のほかに利息額と税金額、税引き後の利息差し引き支払額などが記されています。利息には国税（現行15％）と地方税（同5％）がかかり、この合算が利息計算書に記される税金額です。この国税とは「所得税」であり、数少ない「子どもが納め得る直接税」です（P42-43参照）。

計算書を見ながらお金の流れをたどり、「預けたお金で受け取った利息の中から、国の仕事に使われるお金が○円、住んでいるところの役に立てるお金が○円、税金として引かれたのよ。どんなことに使われるのか考えてみると楽しいね」と説明すれば、税金に対する興味にもつながるかもしれません。

定期預金を期日前におろすとどうなる？

定期預金は「一定期間出し入れをしない」ことを条件に、普通預金よりも利率が高く設定されています。銀行は預かる期間に応じてそのお金を個人や会社に貸し出す計画を立てますが、満期前におろされるとその計画が狂ってしまうことになり、その結果、「当初の約束を守ってもらえなかった」という理由で利率を普通預金なみに下げるのです。

定期預金にお金を預けるときは、「いつ使う予定のお金か」をよく考え、預け入れ期間を決めることが大切です。

ワンポイントアドバイス

貯金をおろす前に

目標額に達して念願のモノを買うとき、あるいはおこづかいが足りなくなったときなど、貯金をおろす理由は人それぞれでしょう。

しかし、せっかく続けた貯金です。安易に取り崩す癖をつけないために、貯金をおろす前につぎの点について考えさせてみましょう。

- 貯金をおろすしか方法がないのか
- 手持ちのお金が増えるまで待てないか
- 貯金を始めるときに立てた目的にかなったことなのか

第3章　お金を貯める

35 各種カードの役割を知ろう！

クレジットカードやデビットカード、プリペイドカードなど、現金の代わりに代金の支払いができる便利なカードがたくさんあります。それぞれのカードのしくみや使い方などについて理解し、賢く使いこなしましょう。

デビットカードとしてのキャッシュカード

デビットカードとは、お買い物やサービスなどの支払いに利用することができるキャッシュカードのこと。デビットカードの利用に面倒な手続きは必要ありません。ほとんどのキャッシュカードが、デビットカードとしての機能を備えています。

利用方法も簡単。お店に設置されている端末機にキャッシュカードを挿入し、口座の暗証番号を入力することで自分の口座から即座に代金が引き落とされ、商品やサービスを受け取ることができます。預金の範囲内でしか使うことができないので使いすぎる心配がなく、子どもでも利用できる、いわば「貯金箱のカギ」的な役割のカードです。

「手元に多額の現金を置いておく必要がない（盗難のリスクが減らせる）」、「現金と違い、紛失や盗難にあってもすぐに発行元に連絡すれば他人に使われることがない」などのメリットがありますが、無計画に利用していると「気がついたら預金がからっぽ！」ともなりかねません。計画的な利用が大切なことをしっかり伝えましょう。

●図35-1　デビットカードのしくみ

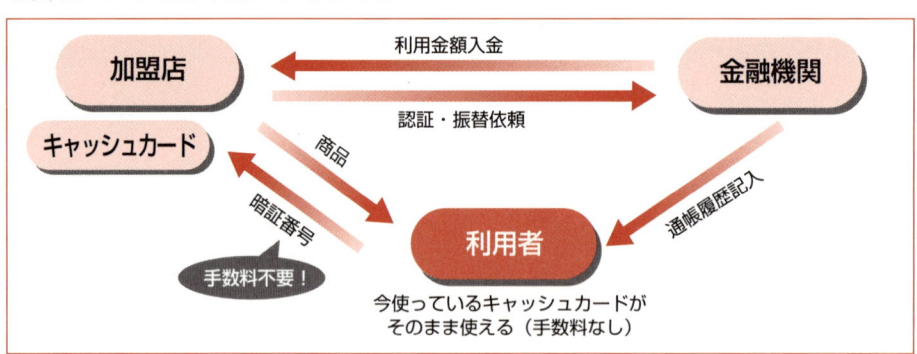

```
加盟店 ←── 利用金額入金 ── 金融機関
キャッシュカード ──→ 認証・振替依頼
        ↘ 商品         ↓
   暗証番号              通帳履歴記入
   （手数料不要！）
           利用者
   今使っているキャッシュカードが
   そのまま使える（手数料なし）
```

クレジットカード

クレジットカード会社と加盟店契約を結んでいるお店などで、商品やサービスの支払いの際に使います。現金を持ち歩く必要がなく、紛失や盗難の際にもある程度の安心があるというメリットはデビットカードと同じですが、基本的には「つけ払い、借金」。クレジット

カード会社にいったん代金を立て替えてもらう点で、デビットカードのしくみとは大きく異なります。このため、カード会社にクレジットカードの利用を申請する際には、支払能力があるかどうかを審査され、利用限度額が決められます。年齢制限もあり、18歳以上でないと利用できません。

商品やサービスの支払いのために提示したカードは、利用に問題がないかオンラインでカード会社に照会されます。利用代金を滞納していたりなどの問題がなければ、利用伝票が発行され、利用者はそこにサインすることで商品やサービスを受け取ることができます。クレジットカードは「この人なら必ず返してもらえる」という信用の証です。

先の収入をあてこんでの買い物もできるため、しっかりとした支払い計画を立てないと、ついつい使いすぎてしまい、「カード破産」に陥る危険性もあります（P84参照）。また、盗難の際はすみやかにカード会社に届け出ないと、悪用される恐れもあります。ほかのカードに比べ、トラブルに巻き込まれる可能性が一番高いと言えるでしょう。

短所を十分に説明したうえで、「なぜここで、このカードを使うのか」を明確に子どもに説明しましょう。

●図35-2　クレジットカードのしくみ

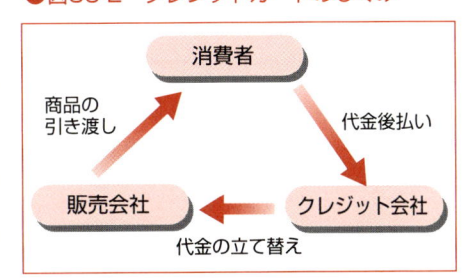

プリペイドカード

電車やバスに乗るときに使うカードやテレホンカードなどでおなじみのプリペイドカード。一定額を先に支払ってカードを購入し、使用するたびに利用金額が差し引かれる「料金前払い」の商品券の一種です。

購入、利用に制限はなく、小銭を用意しなくてもすむ手軽さがメリットですが、それ以外にもカードによっては購入額以上に利用できるというメリットを持つものもあります（例：1000円のテレホンカードを買うと1050円分利用できるなど）。

一方で、ＪＲ東日本のSuica（スイカ）など、一部のカードには紛失・盗難の際の保障が備わったカードもありますが、ほとんどのカードは紛失や盗難にあっても再発行されないのが短所です。

ワンポイントアドバイス
カードの重みを伝えましょう

「カードでお願いしま～す」。お買い物ごっこをしている子どものこんな声に驚いたことはありませんか？

今の子どもにとって、クレジットカードをはじめとするカード類はとても身近な存在です。どのカードにもメリット、デメリットがありますが、賢く使いこなせばとても便利です。

「カードがあればいつでもお金が機械から出てくる」、あるいは「カードを出せば何でも買える」……こんなふうに思わせないためにも、カードの役割についてきちんと話しておきましょう。

COLUMN 3

若者のカード破産

　信販会社との提携カードは銀行のキャッシュカードばかりではありません。ちょっとしたスーパーやデパート、旅行代理店、ガソリンスタンド、ドラッグストアからレンタルビデオ店にいたるまで、ポイントや割引サービスをうたう提携カードがあふれています。これらのカードの多くにはクレジット機能のほかにキャッシング機能もついており、借金の自覚も薄いままATMから簡単に引き出せます。しかも金利はほとんどが利息制限法を大幅に超えた高金利です。

　現金で買い物をすれば、お財布の中からお札が消えていきますし、お金がないとモノは買えませんから、使いすぎれば自然と節約するようになります。しかし、カードで買えばお金の減り具合が目に見えないので実感が伴いません。カードは打ち出の小槌のようにサインひとつで何でも手に入りますから、何枚も持っていると頭の中が混乱し、だんだん管理しきれなくなります。

　請求がきた段階で驚き、その場しのぎのキャッシングを何社も繰り返す結果、利息が雪だるま式にふくらみ、とても返しきれる額ではなくなります。こうして多重債務に陥る若者が増加しています。

　破産だけは避けてやりたい、と親が借金の肩代わりをすれば、子どもにとってはそれが身にしみず、何度も借金を繰り返すことになります。結局親が老後の備えにと蓄えた財産を失い、共倒れになる場合も多いのです。破産をしても普通の生活を送るうえで不利益はほとんどありませんから、深みにはまる前に司法書士会や弁護士会に相談することです。

　自己破産は経済的な過ちをリセットできる機会ですが、借金がなくなっても、収入の状態や消費スタイルが変わらなければ同じことです。金銭管理を学び、強い誘惑を断ち切るのは難しいことですが、生活の建て直しには最も必要なことと言えるでしょう。

　カード破産を防ぐためには、子どものうちから、本当に必要なモノや欲しいモノだけを購入するという主体性を養い、身の丈に合った消費行動をとる習慣をつけることが大切です。

第4章
イマドキの子どもの お金事情

　携帯電話やゲーム機、高級子どもブランド服……。親が子どもだった時代に比べ、いまの子どもたちは、モノやサービスであふれた社会に育っています。ある意味、昔より、ガマンさせることが難しい世の中と言えるかもしれません。

　この章では、物質的豊かさにおぼれることのないよう、子どもにしっかりとした金銭感覚を身に付けさせるための心構えについて考えます。

第4章　イマドキの子どものお金事情

36 家庭によって異なる子どもの金銭感覚

親の職業がさまざまであるように、金銭感覚も家庭によって異なります。子どもがお友だちの家をうらやましがっていたら、「よそはよそ、うちはうち」、「お金で買うことのできない大切なものがある」ことをしっかり伝えましょう。

なにかというとママは言う。
「うちはビンボーなのよ！」

「どうして？」と聞いても「だけど」とねばっても…。
「よそはよそ！うちはうち！」

お友だちと同じものを欲しがって怒られたこともある。
「そんなにいいなら〇〇ちゃんとこの子供になりなさいっ」

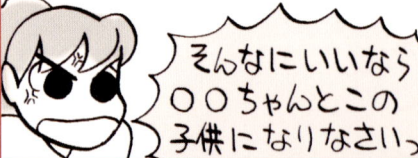

ちょっと大きくなってあれは「しつけ」のためのウソだったのかな？と思う。
「うちって普通かも」

おつきあいって大変……

　小学2年生のA君と同じクラスのB君は、お互いの家をしょっちゅう行き来するほど仲のいいお友だち。お母さんは、A君がB君宅に遊びに行くときは必ず、ほかのお友だちの家に行くときと同様、A君のおやつ用に買っておいたポテトチップスやポップコーンなど、200円程度のスナック菓子を持たせます。田舎から送られたりんごやなしを持っていかせることもあります。
　一方のB君は、A君宅に遊びに来るたびに高級ブランドのアイスクリームや人気洋菓子店のケーキなどを持ってきます。A君のお母さんは、B君のお母さんの親切を負担に感じると同時に、B君が遊びに来るたび、お誕生日やクリスマスなどの特別なときにしか買わないようなおやつをA君に食べさせることに、少しとまどいを感じています。

「ウソじゃないは」
「ママは若いころやりくりがヘタで」
「どっちでもいいけど」
「ママもパパもお給料が安かったのっ」

娘の成長に思わずホロリ

　そろそろおしゃれに興味を持ちはじめた小学5年生のCちゃん。駅前のデパートに入っている女の子向けブランドのお店が、商品を購入して着用した人の写真を撮って売り場にディスプレイするサービスを始めたというのでお母さんと一緒に見に行きました。

　すると、洋服から靴下、バッグまでひとそろいを身につけたクラスメートのDちゃんの写真を発見。「わ～いいな～。かわいい～」と羨望のまなざしで写真に見入るCちゃんの横でお母さんはすかさず値段をチェック。どうやら総額5万円くらいの買い物のようです。

　そのとき、Cちゃんは明るい声でたずねました。「Dちゃんはひとりっ子だけど、うちは3人兄妹だから、Dちゃんちとは違うんだよね」。お母さんはやさしくうなずきました。

モノより体験

　小学4年生のE君が着ている洋服は、いつもたいていお兄ちゃんか従兄弟のお下がり。2つ年上のお兄ちゃんは、フリーマーケットやリサイクル店で洋服や靴などを買ってもらうことがしばしばです。お母さんは手づくりを心がけ、家計のやりくりに励んでいます。

　でも、E君もお兄ちゃんも、自分の家がお友だちの家と比べて貧乏だなんて思ったりしたことは一度もありません。だって、小さいころから必ず年に一度、夏休みか冬休みに家族そろって海外旅行に行けるのですから！

　今年は冬休みにオーストラリアに行く計画を立てています。E君もお兄ちゃんも、図書館へ行ってオーストラリアについて調べたり、ガイドブックを借りてきて、やりたいことや行きたいところを考え、ワクワクしています。

また買ってもらえばいいでしょ

　幼稚園年長組に通うFちゃんのお友だちのGちゃんは、Fちゃんのお家に遊びに来るたびに新しいおもちゃを持ってきて自慢します。先日、Fちゃんが大事にしていたままごとセットの部品を壊してしまったGちゃんは、「ごめんね」のことばもなく、「また買ってもらえばいいでしょ」とひと言。

　冷蔵庫からジュースを持ってくるようFちゃんに命令したり、2歳の弟のおもちゃを取り上げて泣かせても平気なGちゃんに、Fちゃんのお母さんはちょっと困っています。

　ある日、Fちゃんのおもちゃを散らかしたまま帰ろうとするGちゃんに片づけをするよう注意したところ、怒ってしまったのか、それから遊びに来なくなってしまいました。

ワンポイントアドバイス

自分の家の芝の青さを感じて

　子どもというものは、自分の持っていないモノを持っているというだけで「〇〇ちゃんちはお金持ちだ」などと思ったりしがちです。お友だちの持ち物や洋服、体験などがうらやましく見え、同じモノが欲しい、同じことをしたいと思うのもよくあることです。

　よその子をうらやましがったり、ひがんだりさせないための秘訣は、自分に自信を持たせること。子どもの持ち物や洋服を、「お母さんは好きよ」と積極的に誉めてやりましょう。流行のブランドでなくても、オリジナルの魅力を伝えてあげてください。お金をかけた旅行もいいけれど、DIYやガーデニング、お菓子づくりなどでかけがえのない時間を一緒に過ごすこともよいでしょう。家族の愛情にたっぷり包まれて育った子は、決してよその子をうらやましがったり、自分や家族を卑下したりしないものです。

第4章 ● イマドキの子どものお金事情

第4章　イマドキの子どものお金事情

37 お茶の間に浸透するキャッシングCM

長引く不況で多くの企業が体力を消耗していくなか、着実に力をつけ、業績を伸ばしている成長産業があります。サラリーマンや主婦、学生などに無担保でお金を貸す「消費者金融」業です。消費者金融とはどんなものか、理解しましょう。

キャッシングが身近なものに……

　小学2年生のA子ちゃんは、街で消費者金融の看板を見ると、何げなくその会社のノリのよいCMソングを口ずさんでいます。テレビで、若い人が気軽にお金を借りて楽しく生活をする、といったコマーシャルを見たときに、「この会社はお金くれるの？」とお母さんにたずねたこともあります。お母さんは、「お金を借りる」ことに抵抗を感じなくなるのではないかとちょっと心配です。

　以前は「サラ金（サラリーマン金融）」や「高利貸し」などと呼ばれ、「借金地獄」を連想させる悪いイメージを持たれていたこの業界。最近では人気タレントや愛らしい動物、印象に残るキャラクターを起用したテレビCMを放送するなどでずいぶんとイメージアップをはかり、お茶の間にも子ども社会にもおなじみになってきました。

　気軽に借金に手を出す大人にさせないために、子どものころからのしつけはとても重要です。

キャッシングCMの影響

　最近、消費者金融会社が設置している無人契約機を、町中でよく見かけるようになりました。利用にあたっては、クレジットカードをつくるときと同じく一定の資格審査が行われますが、その結果「返済能力あり」と認められれば、意外と簡単に無担保でお金を借りることができます。

　一方、これらの借金は非常に高金利です。これは、借り手が返済できなくなった場合のリスクに備え、あらかじめコストなどが上乗せされているためです。返済が遅れると返済額が雪だるま式に増え、その結果、「多重債務」や「自己破産」などの深刻な状態に陥る人がたくさんいることは、社会でも深刻な問題となっています。

　最近、これらの企業のコマーシャルを、時間を問わず何度も見かけるようになりました。そのため、子どもたちの目にとまることも多くなっています。

　未成年の子どもはお金を借りることはできませんが、何度もCMを見るうちに、借金は簡単で当たり前のことのように感じるようになってしまうのではないかと懸念されています。これに対しては、CMの放映時間への配慮をはじめとして、企業の営業姿勢にさまざまな改善が求められています。

いま子どもと確認したいこと

　子どもを安易な借金への誘惑に負けない大人に育てるために、子どもと一緒に確認しておきたいことがあります。

　まず、「キャッシング」という軽やかなイメージが強調されていても、それが「借金」であることには変わりがなく、いつか返済しなければならない「ひもつき」のお金だということです。また非常に金利が高いため、借りたお金に加え、たくさんのお金を支払わなければなりません。

　つぎに、「計画をきちんと立て、それを実行することは難しい」ということです。つい自分に都合のよい返済計画を立てたり、計画を実行するのが面倒になったり、また、ケガや病気、ほかに買いたいモノができたなど、不測の事態も起こったりするものです。

　将来の収入をあてにしてお金を使うのは、とても危険なことです。もしお金を借りたくなったら、「まず両親や信頼できる大人に相談する」ことが必要です。自分の収入や手元にあるお金でやりくりができないということは、生活スタイルやお金の使い方に何か問題があるのかもしれません。両親ならそれらの解決策も一緒に考えることができるでしょう。

　扱える金額がまだ小さい小学生のうちから、両親からお金を借りて毎月のおこづかいから返済するといった経験をさせておくこともいい勉強になるかもしれませんね。

ワンポイントアドバイス

利息制限法と出資法

　貸付利息は法律で上限が定められています。「利息制限法」では10万円未満は年20％、10万〜100万円未満は年18％、100万円以上は年15％が上限金利とされており、それを超えた分の利息は民事的に無効とされています。また、「出資法」では年29.2％を上限金利とし、それを超えると刑事罰の対象となります。消費者金融では、ほとんどが利息制限法の上限金利を超えて利息が設定されています。

第4章　イマドキの子どものお金事情

38 イマドキのコンビニエンスストア

現代の子どもにとって最も身近な小売店であり、いつでも開いてて便利なコンビニ。通常の店舗とどのような違いがあるか、それらの特徴を比較させる機会を持つことによって、生活者としての視点を子どものうちから養わせましょう。

値段が違う

　小学2年生のA子ちゃんは、家の近くの24時間営業のコンビニでお菓子やマンガをよく買います。けれどもお母さんが普段買い物をするのは、自転車で10分もかかるスーパー。「どうしてお母さんはわざわざ遠くのスーパーに行くの？　コンビニにはお母さんの好きなセールのチラシがないから？」とたずねるA子ちゃんに、お母さんはおつかいを頼みました。
　スーパーとコンビニ、両方でお菓子とマンガ、そして卵を買ってくるように頼まれたA子ちゃんは、値段の違いに気がつきました。

> お菓子は少しコンビニが高かった。スーパーの卵は10個入りと6個入り両方あるのにコンビニには6個入りしかなかったよ。それなのにスーパーのほうが安い！あれ、本の値段は同じだ。

品揃えの違い

　翌日、お母さんはまたA子ちゃんにおつかいを頼みました。夕食のサラダに使うレタスときゅうり、大根です。
　A子ちゃんはおなじみのコンビニに買いに行きましたが、頼まれた品物がなかったので、仕方なくスーパーまで足を運ぶことにしました。

> レタスは、カットしてあるのしか売ってないよ。これじゃ4人家族には足りないな。きゅうりは、もう漬物になっていてサラダには使えないぞ。
> あれ、大根は売ってない！

サービスが違う

おばあちゃんのお誕生日が近づいてきたある日のこと。お母さんはA子ちゃんを連れ、ふたりで一緒に選んだお誕生日のプレゼントをおばあちゃんの家に宅急便で送るため、コンビニに行きました。お母さんはついでに携帯電話の通話料も支払いました。

> 明日にはもうおばあちゃんちに届くんだって、すごいな。
> あれ、銀行や郵便局だと番号札を取って待つのに、コンビニだと買い物のときと同じですぐ払えるんだね。
> ほかにも、チケットを予約したり、お金をおろしたり、コピーをとったりできるいろんな機械がコンビニにはあるんだね。

ますます便利になるコンビニ

小売店としてのコンビニエンスストアは、狭い売り場をいかに効率よく回転させるかが大命題。そこが品揃えにしのぎを削るスーパーマーケットとの大きな違いです。

POS（販売時点情報管理）システムにより、バーコードから得た情報を即座に製造や発注に活用しているため、話題の商品がすばやく店頭に並び、人気のないものがあっという間に姿を消します。時間帯で商品のレイアウトや品揃えを変える店舗さえあります。

ATM設置店舗も増え、24時間銀行からお金を引き出すこともできるようになりました。宅配便やチケット販売代行、公共料金の代金収納サービスをはじめ、通信販売でもコンビニ決済を取り入れるところが多くなっています。

親世代にとっては、おにぎりやお弁当というイメージが強いコンビニも、最近では電子商取引の新たな決済インフラとしての役割が大きくなってきました。子どもが成人するころには、銀行や郵便局、役所の出先機関に近いイメージとなっているかもしれません。

ワンポイントアドバイス

なぜ本の値段は同じなの？

書籍や雑誌は、売り手（出版社、発行者など）が指定した値段によって販売することが定められているため、全国どこへ行っても同じ値段で売られています。これは「再販制度」といって、独占禁止法の適用除外とされているものです。指定再販（公正取引委員会が指定し再販されるもの）と法廷再販（著作物に関わるものなど、法的に定められているもの）があり、本や雑誌は後者に属します。

再販制度については、「消費者のニーズを伝え、サービスを向上させるためには競争原理を働かせることが大切である」として廃止を求める声がある一方、「本や雑誌などの文化商品に経済効率を求めると、品揃えが売れ筋のみに偏る、あるいは書店間の価格差が発生し、地方の高齢者や児童に不利益を与える」として維持を求める声もあり、今後の動きが注目されています。

第4章　イマドキの子どものお金事情

39 レジのまわりは誘惑だらけ

「レジまわり」とは、レジ付近に陳列される商品のことです。レジに並ぶほんのわずかな時間を売上につなげるために、「ついでに買っておこうか」という気持ちにさせるようなガムやキャンディなどの商品が吟味されて陳列されています。

まわりを気にしてつい……

　幼稚園年長組のＡ子ちゃんは、お母さんのお買い物について行くのが大好き。
　ある日、スーパーでレジに並んでいると、レジの脇に幼児向け雑誌が置いてあるのに気がつきました。いつも行く本屋さんではビニール紐で縛ってあって中が見られないのに、ここではビニール紐がかけられていません。
「お母さん、見て見て。ピカチュウのシールもついてるよ。買って、買って」とねだるＡ子ちゃん。いつもはＡ子ちゃんのおねだりを簡単には聞き入れないお母さんですが、混雑しているレジで押し問答をすると後ろに並んでいる人に迷惑がかかるし、もうすぐ自分の順番になりそうなので、あせってつい購入してしまいました。

これでお利口にしてくれるなら……

3歳のB子ちゃんを連れてファミリーレストランに行くと、いつも入り口付近に置いてあるおもちゃやお菓子をおねだりされるので、お母さんは困ってしまいます。

「ダメよ」と言っても、B子ちゃんはお料理が運ばれるまでの間、何度も商品棚と席を行ったり来たりし、お料理が運ばれてきてもまったく落ち着いて食べようとしません。

これで静かになるのなら……と、お母さんは不本意ながらついつい根負けして、いつも買い与えてしまいます。

おつかいのおだちんに……

小学2年生のC君の家の近くには八百屋さんがあります。このお店のレジの横には、大好きなキャラクターのシールのついたソーセージが置いてあります。C君は初めておつかいを頼まれたとき、おつりでこのソーセージを買ってしまい、お母さんに叱られました。

お母さんは、C君がおつかいを3回するごとに、ごほうびとしてソーセージを1袋買っていいことにしてくれましたが、その後おこづかい帳をつけるようになったC君は、ソーセージではなくてお金でおだちんをもらうことにしました。

お父さんがいるときなら……

お母さんは絶対についで買いをしないことを知っている小学1年生のD君。だから、お母さんと一緒にスーパーにお買い物に行っても、決してレジまわりのアメやガムをねだることはありません。

けれども、月に1～2回、家族でファミリーレストランに食事に出かけるときは、必ずレジまわりのお菓子をねだります。お父さんが「買ってやれよ」と言えば、お母さんは文句を言わないことを知っているからです。

ワンポイントアドバイス

ついで買いはなぜいけないの？

スーパーのレジに並んでいる間に、電池やラップを見て「そう言えば切れていたかもしれないな」と急に不安になり、ほかの商品と比較することなく買い物カゴに入れた経験はありませんか。また、会計直前に子どもがさっとキャンディを買い物カゴに入れたことはないでしょうか。

子どもの金銭感覚を養うためには、欲しいモノか必要なモノかをじっくりと考えさせる習慣をつけること、そしていざ商品を購入する際には値段や質、必要とする機能などについてじっくりと吟味する習慣をつけることがとても大切です。レジまわり商品を、子どもの前で安易に購入してしまうことは、ついで買いを習慣化させてしまうことになり、お金を大切に使うという意識をおろそかにさせてしまいます。

レジに並んでしまってからの押し問答やファミリーレストランでの子どものぐずり声は、ほかのお客さんの迷惑になることもあり、頭の痛いところですが、安易に一度買い与えてしまうと、次回からガマンさせることが難しくなってしまうこともあります。子どもには毅然とした態度で接しましょう。

スーパーではカートに載せたり、ファミリーレストランにはお気に入りのおもちゃを持って行かせたり、レジまわりのおもちゃに心を奪われないようにする工夫も必要です。

第4章　イマドキの子どものお金事情

40 ついつい癖になる ガチャガチャ

カプセル玩具は、子どもにとって最も身近に買えるおもちゃです。値段も100円〜200円と手ごろなモノが多く、小銭で買えることからついついはまってしまい、お財布の中の100円玉を全部使ってしまった……ということも。

条件つきでOKにする

小学2年生のA君は、カプセル入りのピンバッチ集めに夢中です。お母さんは、毎月のおこづかいの範囲でやりくりし、出てきたモノがお目当てのモノじゃなかった場合にも絶対に粗末にしないということを条件に、A君がカプセル玩具にお金を使うことを許しています。

でも、なかなか欲しい種類が出てこないのが悩みの種。A君の机の引き出しの中には、いらないピンバッチが増えてきました。処分したくても、お母さんとの約束があるので捨てることも、だれかにあげることもできません。

A君はお母さんと相談して、カプセル玩具に限っては、お友だちと交換してもいいことにしてもらいました。

おばあちゃんの家に行ったときだけ

小学1年生のB子ちゃんの家では、カプセル玩具は買ってはいけないことになっています。以前、いくつも買った末にすぐに飽きてしまい、片づけもおろそかになってしまったからです。

けれども、おばあちゃんの家に行ったときだけは特別。おばあちゃんのお買い物について行き、荷物を持ってあげたりすると、おだちんとして100円もらい、帰り道にあるお店で1回だけガチャガチャをやらせてもらえるのです。お母さんもこのときだけは特別に許してくれています。

ごほうびとして買う

小学4年生のC君は、学校のテストで100点をとったときやスイミングスクールの進級テストに合格したときなど、がんばったときにごほうびとしてそのつどガチャガチャを1回やらせてもらいます。自分のおこづかいで買っていると、値段が手ごろなだけについつい歯止めが利かなくなり、あっと言う間に使い込んでしまうからです。

お母さんは、おこづかいを無駄づかいされるよりはましだと思っていますが、そろそろガチャガチャからは卒業して欲しいと考えています。

お父さんと一緒に買う

幼稚園年中組のD子ちゃんは、お休みの日に時々お父さんとふたりだけでお出かけするのをとても楽しみにしています。なぜかというと、お母さんはカプセル玩具を買ってくれませんが、お父さんとふたりのデートのときは必ず買ってくれるからです。

実はお父さんも若いころにカプセル玩具を集めていたそうで、レバーをがちゃがちゃするときはふたりでわくわくドキドキ。とても楽しいお出かけです。

ワンポイントアドバイス
ルールを決めて楽しく遊ぼう

「ガチャガチャ」や「ガチャポン」などと呼ばれ、昔から子どもに親しまれてきたおもちゃ「カプセル玩具」。お母さんやお父さんたちの世代も熱中した経験がある方が多いのではないでしょうか。

最近は秋葉原ガチャポン会館や大阪ガチャポン館といった専門店も登場し、ゲームセンターをはじめ、スーパーやコンビニエンスストアなどもカプセル玩具の売上に力を入れはじめています。一昔前は、単なる幼児向けのおもちゃだったカプセル玩具ですが、昔流行した人気アニメの復刻版をはじめとするコレクションモノが増え、幼児の横で収集を目的とした大人たちが大金をつぎ込んでいる場面も見かけるようになりました。

何が出てくるかわからないドキドキ感を親子で楽しんでいる、あるいは子ども以上に父親が夢中になって困っているというお母さんたちの声も聞かれます。目当てのモノが出てこなかったときに、そのおもちゃをどうするかも悩みの種です。安いから、手軽だからと熱中するままにはせず、ルールを決め、できれば特別な機会だけに限定したいものです。

第4章　イマドキの子どものお金事情

41　カード類の収集

ガチャガチャと同様、袋を開けるまで何が入っているかわからないドキドキ感が、ついつい癖になってしまうカード。けれども、無駄づかいやトラブルのもとなどとばかり敬遠せずに、カードゲームで遊ぶことの意義にも注目してみましょう。

自慢したばかりに……

小学2年生のA君は、大切にしているレアカードを自慢したくてお友だちを数人、家に呼びました。最初はみんなからうらやましがられていい気持ちになっていたA君。そのうち、「これ、くれよ」と、クラスで一番力の強い男の子に言われ、どうしても「イヤだ」と言えず、あげてしまいました。A君は、みんなが家に帰ってから悲しくて悔しくて泣いてしまいました。

カタカナ制覇

毎日のようにおじいちゃんと一緒に近所のスーパーに行ってゲームカードを買ってもらい、キャラクターの名前や攻撃の種類などを読んでもらいながら絵をながめて楽しんでいた幼稚園年中さんのB君。知らない間にカタカナがすらすらと読めるようになっていて、お母さんはびっくりしました。

いらないカードを粗末に

　小学3年生のC君はおこづかいの大半をゲームカードに使い、お気に入りのカードを集めるのに夢中になっています。けれども、すでに持っているカードと同じ絵柄のカードや、興味が薄れてしまった旧タイプのカードは、無造作にその辺に放っておいたり、簡単にお友だちにあげたりしているようです。

　お母さんは、お金を出して買ったカードなのだからもう少し大切にできないものかと頭を悩ませています。

レアカード獲得大作戦

　小学4年生のD君にはどうしても欲しいカードがあります。それをそろえると大切なコレクションが完成するからです。

　でも、そのカードはマニアの中でも大人気の超レアカードなので、プレミアがついていて、1枚5000円もします。D君のおこづかいではとても買えそうにありませんが、この間おばあちゃんからもらったおこづかいを足すとなんとか買えそうです。でも、D君はまだ迷っています。

レアカードとは？

　戦闘力の強いキャラクターやあまり発売されないめずらしいカードのことを「レアカード」と言います。なかなか手に入れることができないこれらのカードは、マニアの間で高額な値段で取引されています。

　カードが好きな子どもは、遊ぶだけではなく、ファイルに整理してコレクションしていることもあります。最近はそのようなカードを専門に扱う業者もあり、子ども同士で買いに行くこともあるかもしれません。もし、子どもに買いたいと相談された場合には、むやみに否定するのではなく、本当にそれだけのお金を出してまで欲しいものなのか、一緒に考えてみましょう。そして集めた大切なカードの扱いについては、以下のことに気をつけ、トラブルを避けるようにしてください。

・自慢したり、見せびらかしたりしない
　（盗難・ケンカなどの予防）
・学校には絶対に持って行かない
　（学業に集中するため、盗難・ケンカなどの予防）

第4章 ● イマドキの子どものお金事情

ワンポイントアドバイス
カードゲームのよさにも目を向けて

　欲しいカードを手に入れるまで、何百円もおこづかいをはたいてしまったという失敗談は、ガチャガチャ同様、よく耳にします。また、大切にしていたカードを盗まれた、学校へ持っていって没収されたなどのトラブルも起こりがちです。

　しかし、無駄づかいやトラブルにつながるからと言ってむやみに禁止する前に、カード遊びの利点についても目を向けてください。カード遊びは、持っているカードを出し合って、その強さを競い合う対面ゲームです。そこには、あらかじめ作戦パターンがプログラミングされたコンピュータ相手に戦うテレビゲームと違って、生身の人間とのやりとりが存在し、心理的な駆け引きが必要とされます。

　子どもの遊びとしては、テレビゲームよりずっと健全だと評価する識者も多くいます。

第4章　イマドキの子どものお金事情

42 避けては通れないゲーム文化

テレビゲームは子どもたちにとても人気のある遊びですが、子どものおこづかいだけでは到底買えない非常に高価なおもちゃです。子どもに欲しいとせがまれたとき、親としてどう対処するのか、日ごろから考えておきたいものです。

お金を貯めて1年後の誕生日に……

「お誕生日にゲーム機が欲しい」と小学3年生のA君にお願いをされたお母さんは、家電ショップで値段を調べ、あまりの高さに呆然としてしまいました。そこで、A君名義の郵便貯金の口座をつくり、「ゲーム機はとても高いものだから、毎月家計から2000円ずつ貯めて買うことにしよう。A君も毎月のおこづかいの中から200円ずつ貯めるんだよ。お年玉も全部でなくてもいいから貯めようね」とA君と約束をしました。

1年後、晴れてゲーム機を手にしたA君は、毎日楽しく遊んでいます。

☝ 代表的な家庭用ゲーム機器の値段は1万円〜3万円程度、そしてゲームソフトは数千円〜1万円程度と、子どものおもちゃにしてはとても高価なものです。さらに、場合によっては攻略本というゲームのやり方が書いてある本を別途購入することもあります。

たとえお誕生日プレゼントやクリスマスプレゼントであっても、欲しがるからといって安易には買い与えず、金額の重みを理解させるような形で買いたい（あるいは、買わせたい）ものですね。

うちではダメでも外ではいいの!?

　小学4年生のB君の家にはゲーム機器がありません。そこで毎日のように、C君の家に遊びに行き、C君のゲームで遊んでいます。
　一度ゲームを始めると、夕飯どきになってもなかなか帰ろうとしないB君。C君のお母さんは困ったものだと思い、B君のお母さんに相談しましたが、B君のお母さんは、「うちでは子どもにゲームをさせたくないから」と言って、ゲーム機器は買いません。

　ゲームが大好きな子どもに全く買い与えないでいる、ということも、子どもの気持ちになってみればあまりいいとは思えません。親に隠れてお友だちの家ではわが物顔で遊んでいることもあるのです。
　どうしても買わないという場合は、その理由を子どもにきちんと納得させると同時に、遊ばせていただいているお宅への配慮を忘れないようにしましょう。

借りたゲームが壊れちゃった！

　小学1年生のD君は、お友だちからゲームソフトを借りてゲームをしていました。
　ある日、ゲームのスイッチを入れると、なぜかそれまでのゲームのデータが全部消えています。乱暴に扱った覚えはなかったし、D君にはどうしてなのだかわかりません。
　お友だちに「データが消えてしまったんだけど」と言って返したところ、ものすごく腹を立てられて、それから口をきいてもらえなくなってしまいました。

　ゲームソフトは精密機器です。乱暴な取り扱いをすると壊れることがありますし、乱暴に扱っていなくても、何かの拍子でそのデータが壊れたり消えたりすることがあります。軽い気持ちでゲームソフトの貸し借りをして、万が一壊してしまったら、お金に替えられない大切なデータを一瞬で失ってしまうことになります。
　ゲームソフトは高価なものですし、データを記録するタイプのものは弁償ができませんので、子ども同士でのむやみな貸し借りは避けたほうがいいでしょう。それでも、貸し借りをする場合には、①貸すときにはデータが壊れることもある、②借りるときには大切に扱い、なるべく早めに返す、ということを子どもに説明して納得させましょう。

せっかく買ってもらったけど……

　小学2年生のE君は、ずっと欲しかったゲームソフトをお誕生日のプレゼントに両親から買ってもらいました。ところが、家にある機器ではそのゲームソフトで遊ぶことができないことがわかり、がっかりしています。

　家庭用ゲーム機器にはいくつかの種類があり、ゲームソフトもそれぞれの機器専用のものがつくられています。つまり、N社の機器で楽しんでいるゲームソフトはS社の機器では使えません。
　ゲーム機器を購入するときには、子どもが遊びたいゲームソフトを考えて選ぶことが大切です。新たにゲームソフトを購入するときには、必ずどのゲーム機器を使うものなのかを確認しましょう。

第4章　●　イマドキの子どものお金事情

第4章　イマドキの子どものお金事情

43 持たせる？　持たせない？携帯電話

いつでもどこでも連絡をとることのできる便利な携帯電話。しかし、使い方によってはさまざまな問題もでてきます。子どもに使わせるときは、携帯電話がおもちゃではないことを理解させ、使い方について話し合うことが大切です。

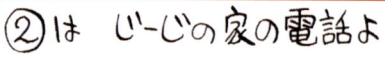

請求書を見てびっくり！

　A子ちゃんは、小学4年生の春から週に2回、電車に乗って塾に通うことになりました。お母さんは、事故で電車が遅れたり、居残り授業があったりなどして、予定の時間より帰宅が遅くなることもあるだろうと思い、A子ちゃんが塾に行くときにはいつでも連絡がとれるように、自分の携帯電話を貸すことにしました。

　ところが、先月お母さんに届いた携帯電話の請求書は、なんといつもの倍以上の額。びっくりしてA子ちゃんに問いただすと、電車を待つ間に駅のホームでお友だちに電話をしたり、ゲームをしたり、携帯サイトなどを見ていたとのことでした。

　A子ちゃんはお母さんと「家に連絡をとる必要があるとき以外は絶対に使わない」という約束をしました。

落としてしまったら……

　小学5年生のB君は、サッカーの練習の帰り道に携帯電話を落としてしまいました。一生懸命探しても見つからなかったので、仕方なく警察に届けたB君。帰宅後、お母さんが電話会社に連絡をし、取り急ぎ通話ができないようにしてくれました。

　新しく買ってもらった携帯電話は、絶対に落とさないよう、ストラップの先に付いたクリップを必ずズボンのポケットにはさむようにしています。

知らない番号へは絶対にかけ直さない

　小学4年生のC子ちゃんが使っている携帯電話には、呼び出し音が1回だけ鳴って切れることがありました。「だれからかな？」と思ってかけなおしたところ、「何年生？　一緒に遊ぼうよ」と言われ、怖くなってすぐに電話を切りました。

　お母さんに言うと、「すぐ切れる電話はいたずら電話だから、これからは知らない電話番号からの着信があっても、絶対にかけなおしちゃダメ」と言われました。

子どもに教えたい携帯電話使用のマナー

● 電車や映画館の中、コンサート会場など、人が集まる場所では使わない
　呼び出し音や話し声が周囲への迷惑になるだけでなく、心臓にペースメーカーを使用している人に影響を与える恐れがあります。

● 病院内では電源を切る
　携帯電話は電波を出す機器なので、医療機器に影響を与えることがあります。

● お友だちと一緒のときには、ひと声かけて
　一緒にいるお友だちが携帯電話でほかの人と話していたらいい気持ちはしません。

第4章　●　イマドキの子どものお金事情

ワンポイントアドバイス

初めて持たせる携帯電話

　子どもがひとりで行動するようになると、親はとても心配になります。そこで携帯電話を持たせたいと考えたり、子どもも「かっこいい」と思って持ちたがるということがあります。

　携帯電話を子ども用に購入する場合には、あらかじめ登録しておいた数箇所にしか発信できないものやプリペイド式のものを利用することもいいでしょう。また、通信会社によっては「インターネットには接続しないで電話機能だけ」という契約ができます。カタログなどを調べて必要な機種や契約内容を選ぶようにしましょう。

第4章　イマドキの子どものお金事情

44 お友だちにおごられたとき

親切心から、あるいは人によく思われたいから……。人はいろんな理由で気前よく自分のお金を他人のために出すことがあります。では、子どもがおこづかいからお友だちにおごることはいいことでしょうか？　親子で考えてみましょう。

おごられたら必ず親に報告を

　小学4年生のA子ちゃんがお友だち3人で近所のよく行くお店に出かけたとき、その中のひとり、B子ちゃんが店頭にあったUFOキャッチャーを始めました。B子ちゃんは何回か遊んだあと、やりたそうに見ていたみんなに「1回ずつやっていいよ」と言って100円玉を1枚ずつくれました。

　小さなぬいぐるみを獲得して家に持ち帰ったA子ちゃんは、お母さんに「これ、どうしたの？」とたずねられ、いきさつを話しました。お母さんはほかの子のお母さんたちと相談して、子どものおこづかいの中からB子ちゃんにお金を返させました。そして「自分で働かないうちは、おごってもらうのもおごるのもいけないのよ」と言い聞かせ、もしお友だちにお金を払ってもらったようなときは必ず親に報告するよう約束させました。

お友だちの気をひくために……

　小学5年生のC君は引っ込み思案で、なかなかお友だちをつくることができません。

　ある日、家の近所の自販機でジュースを買っていたら、同じクラスのD君が来て笑いながら「いいなー、おごってよ」と言いました。あまり話したことがないD君に声をかけてもらったのがうれしくて、C君はジュースをおごってあげました。

　それ以来、D君とは学校でもよく話すような仲になりました。でもたびたび「おごって」と言われるので、最近は少し困っています。

おこづかいの少ないお友だちがかわいそうで……

　小学3年生のE子ちゃんの一番の仲良しは、同じクラスのF子ちゃん。E子ちゃんは毎週月曜日におこづかいを100円もらっていますが、F子ちゃんは毎月1日に300円。

　月末になるといつもF子ちゃんはおこづかいがほとんど残っていないので、一緒に駄菓子屋さんにお買い物に行ったときは、よくE子ちゃんはF子ちゃんの分も出してあげます。

なぜ子ども同士のおごり・ねだりはダメなのか

　子どもにお年玉やおこづかい、あるいはおだちんを与えるとき、大人はその子自身の喜びになることを考えてお金を渡しているのです。その子がおごる相手の喜びを思ってではありません。

　おごりという行為の中にあるのは、おごる側、おごられる側の「損得」や「おごってもらってラッキー」という思いだけです。つまり、おこづかいやお年玉でおごるのは、お金をくれた人の「心」を無にするのです。また、そういうお金でおごられることをねだるのは、得をしたいだけの行為です。

　お友だちの気をひきたいというのもおごりの要因のひとつですが、エスカレートしていく危険性があり、要注意です。子どもが外に遊びに行くときは原則としてお金を持たせない、おやつは家ですませる、などの対策をとることが必要です。また、「おごり」がなくてもお友だちとは仲良くできるのだということ、「おごり」でつながっているお友だちは、それがなくなれば離れていくということを教えましょう。

　子ども同士でのおごりやお金の貸し借りを禁止するには、仲のよいお友だちの家庭にも協力を求めるなど、共通の認識を持つことも必要でしょう。

ワンポイントアドバイス
「奢り」が「驕り」にならないように

　「おごったり、おごられたり」は、大人の間でも難しいものです。「とてもいいことがあったからおすそ分け」という相手から「喜びの共有」としておごられるのは、おごる側、おごられる側ともに気分のいい「プラスのおごり」と言えます。

　一方、おごることで貸しをつくったり交換条件を出したり、相手に引け目を感じさせるような「マイナスのおごり」は、たとえ自分で働いて得た収入であってもしてはいけない、ということを子どもに伝えたいものです。

第4章　イマドキの子どものお金事情

45 お友だちとのお金の貸し借り

　自由に使えるお金が増え、お友だち同士で出かけるようになる高学年のころから、気軽にお金の貸し借りをするようになります。子ども同士のお金の貸し借りについては、家庭内でルールを決め、しっかり守らせたほうがよいでしょう。

おこづかいを持ってこなかったお友だちに

　小学5年生のA君は、同じクラスのB君と初めて子どもだけで映画館に行くことになりました。映画のチケットは、それぞれお母さんに前売り指定席券を用意してもらいました。
　当日、A君が、映画を見ながらジュースを飲もうと持ってきたおこづかいを出したところ、B君はお金を持ってきていないことがわかりました。
　B君が、「今度一緒に遊ぶときに返すので貸して欲しい」と言うので、A君はB君のジュースも買ってあげ、約束通り、翌日返してもらいました。

　子ども同士で出かけるときは、お互いにどのくらいのお金を持って行くのか、お昼ごはんやおやつはどうするのか、事前に打ち合わせをするといいですね。

兄弟姉妹は最初のトレーニング相手かも。がんばれ、弟、妹!!

ちゃんと返せばいいんじゃないの？

　小学3年生のC君は、お友だちと一緒にカードゲームを買いに行く約束をしました。C君の家では、お友だち同士で買い物に行くときは、行く店と買うものをあらかじめお母さんに伝え、あとで報告することになっています。

　お店に行くと、前から欲しかったレアカードがありました。どうしても欲しくなったC君は、お友だちから100円を借りて、買う予定だったものをやめてレアカードを買ってしまいました。

　来月のおこづかいでちゃんとC君には返すつもりだったのに、お母さんにすごく叱られ、納得いかないC君でした。

　　P58-59の「おこづかいが足りなくなったら……」を参照してください。お友だちにお金を借りるしか方法がなかったのか、よく考えさせることが大切です。

返してくれると言ったのに……

　小学6年生のD君は、中学2年生のE君と幼なじみ。ある日、D君がコンビニにおやつを買いに行くと、E君が4〜5人の仲間と一緒に店内にいました。D君を見つけたE君は、お金を貸して欲しいと言います。「おやつが買えなくなるから……」と断ると、E君のお友だちが大勢寄ってきて、口々に「返すから」とか「友だちだろ？　冷たいこと言うなよ」と言います。

　怖くなったD君は、おやつをガマンして持っていたお金を全部貸してしまいました。それ以来、ずいぶん日にちがたちましたが、E君はまだお金を返してくれません。

　　有無を言わさず借りていったということは犯罪です。ましてや返さないのであれば恐喝ととられても仕方ない行為です。トラブルに巻き込まれないためにも、子どもには、イヤなことはイヤとはっきり断る勇気を持たせたいものです。

第4章　●　イマドキの子どものお金事情

ワンポイントアドバイス

子ども同士のお金の貸し借りはトラブルのもと

　小さいころからゲームソフトやマンガなどの貸し借りを経験していると、その延長で気軽にお金の貸し借りをしてしまうようです。品物なら、「これは自分のだから返して」と催促できますし、場合によっては「お金で弁償」という解決策もあります。

　しかし、お金に名前を書くことはできません。借りた本人はただ忘れているだけかもしれませんが、催促するには勇気がいりますし、忘れられていること自体、自分が軽く思われているようで、相手に対する友情や思いやりの心もなえ、友情にひびが入ることにもなります。子ども同士のお金の貸し借りは、原則として親が禁止すべきでしょう。

第4章 イマドキの子どものお金事情

46 盗みと万引き

ほんの出来心から、人のお金やお店の商品を盗んでしまう子どもがいます。何が子どもをそうさせてしまうのでしょう。子どもの微妙な心の動きや様子の変化をつぶさに把握することによって、盗みや万引きの防止に努めたいものです。

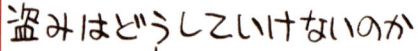

お財布の中のお金が……

　最近、お買い物に行くたびに、お財布の中の小銭が前の日より少なくなっているように思えてならないAさん。
　ある日、思いきって小学5年生の息子に「もしかしてお母さんのお財布の中からお金持って行ってない？」と聞いてみました。すると、今までに何度か、お友だちと遊びに行くときのゲーム代欲しさに、お財布の中の100円玉をとっていたことがわかりました。
　Aさんは大変ショックを受けましたが、気を取り直し、親のお財布から黙ってお金をとることは盗みと一緒であること、おこづかいが足りなくならないように使い方を工夫すること、そして、足りなくなったら、欲しいモノがあってもガマンすること、などについてじっくりと子どもに言って聞かせました。

いちども叱られることなくブレーキが かかる子供はいないのかもしれませんね。

いじめによるストレス解消

小学5年生のB子ちゃんの部屋に見慣れないアクセサリーを発見したお母さん。B子ちゃんにどこで買ったか、いくらしたのか聞いたところ、「ごめんなさい」と言ってB子ちゃんは泣き出しました。なんと、それはお店から万引きしたものだったのです。

お母さんはB子ちゃんを連れてそのお店に謝りに行き、代金をB子ちゃんが貯めていたお年玉から支払って、「もうしない」と約束させて帰ってきました。

その日の夜、お母さんがB子ちゃんとゆっくり話し合ったところ、B子ちゃんは学校でいじめられていて、そのストレス解消に万引きをしたということがわかりました。

子どもが黙って品物をとってきてしまったら……

万引きは、品物を返せばすむ、あとでお金を払えばすむというようなものではありません。刑法の窃盗罪というりっぱな犯罪であるという認識を持つことが必要です。法律や社会のルールについて、親子で一緒に考えてみましょう。

自分の子どもがお金を払わずにお店の商品を持ってきてしまったら、そのお店に連れて行き、まずは親が「子どもの責任は自分の責任である」と心から頭を下げてください。子どもにも一緒に謝らせるようにします。代金は子どものおこづかいの中から出させて、責任をとらせるようにしましょう。欲しいモノをガマンできなかったり、お金の価値がわからずに行動を起こした場合は、金銭管理のトレーニング方法を考える必要があります。

幼児の場合は罪の意識がない場合も多いようです。大人には常識でも、「絶対にやってはいけない悪いこと」だと言い聞かせなければわかりません。交番の前まで連れて行って説明したお母さんもいました。

また、子ども自身は意識していなくても、親の関心をひきたいという寂しさ、あるいは何らかのストレスが万引きという行為の引きがねとなっている場合もあります。責める前に子どもの話をじっくり聞き、悩みに寄り添い、自分のことを心配してくれるという安心感を与えることが大切です。

子どもはつまずきながら成長するものです。失敗が糧となるよう、子どもを支えてあげましょう。

ワンポイントアドバイス

泥棒をつくらない配慮も必要

みなさんのご家庭では、お財布はいつもどこに置いていますか？ ダイニングテーブルの上やタンスの上、電話台の上などに無造作に置いている人、またはたんすの引き出しやクローゼットの奥にいちいちしまっている人、さまざまだと思います。

子どもに出来心をおこさせないためには、お財布や現金を子どもの目の付きやすい場所に置かないよう心がけるのもひとつの手です。また、日ごろから家計簿をつけ、お金を大切にやりくりしている姿を子どもに見せておくことはとても大切です。家計簿をつけていると、お金がなくなるとすぐわかりますよね？ おこづかい帳をつけている子どもなら、それくらいのことはわかりますし、お母さんの大切なお金をとろうとは思わないものです。

COLUMN 4

ネット犯罪に巻き込まれないために

　家庭にパソコンが普及し、インターネットの常時接続をしていることが珍しくなくなってきました。学校でもパソコンを取り入れた授業を行っていますので、親が考えている以上にパソコンの使い方について熟知している子どもも多いでしょう。

　インターネットは情報の宝庫です。夏休みの宿題の自由研究をするにも、知りたい情報を調べるにも、図書館に行ったり、だれかに問い合わせたりしなくてもいいのです。子どもが自由自在にパソコンを操れるようになると、どんどん世界が広がり、学習にも大いに役立つ反面、知らず知らずのうちにネット犯罪に巻き込まれる危険も高まります。

　ネットを利用した犯罪は、インターネットの発達とともにどんどん増え、悪質になってきています。これら犯罪の増加、多様化に法の整備は追いつかず、ネット社会はある意味、無法地帯ともなっています。インターネットのサイトや広告の画面の中には、いろいろな仕掛けをしてあるものがあり、不用意にクリックすると怪しいサイトへ接続したり、不正なプログラムをダウンロードして、あとから高額な請求書が来ることもあります。また、住所や氏名などの個人情報をむやみに掲示板などに書くことによって、架空の料金を請求されるなど、思わぬ詐欺被害にあうこともあります。

　子どものネットショッピングやネットオークションの利用にも注意が必要です。パソコンに親が本人確認のために使用しているパスワードを記憶させている場合、子どもが勝手にお買い物をしてしまったり、欲しいモノを入札、落札してしまうことがあります。子どもが勝手に操作することができないように、パスワードなどの管理には十分に気をつける必要があります。

　インターネットのお約束、「ネチケット」を子どもにわかりやすく解説しているサイトもありますので、親子で見てみてはいかがでしょう。

第5章
子どもに関する経費をつかむ

　子どもが産まれたら、将来に備えて学資保険に入ったり積立預貯金などを始めたりする家庭がたくさんあります。では、ひとりの子どもを成人させるまでにどの程度のお金が必要なのでしょう。

　この章では、国や民間の調査報告書から、子育てに関する費用のデータを紹介します。これらの数字を参考に、いざというときに困らないよう、家庭の教育方針に合った資金計画を立ててください。

第5章　子どもに関する経費をつかむ

47　子どもの養育費

子育てに関する費用のうち、最もお金のかかる項目は教育費でしょう。そのほかにも食費や衣料費、医療費など、子どもの日常生活に必要な支出項目はたくさんあります。ここでは統計からその平均的な数字を見てみましょう。

エンジェル係数とは？

「家計の消費支出に占める食費の割合」を「エンゲル係数」といいます。では、「エンジェル（angel＝天使）係数」ということばをご存知ですか？

「エンジェル係数」は、「家計の消費支出に占める子育て費用の割合」のことです。1989年から野村證券が使いはじめた造語で、今では新聞やテレビなどでも広く使われています。同社では1989年以来、隔年でエンジェル係数調査を行っており、その数字から、子どもの年齢による費用の違いや、さらには家計の現状や経済動向までを読み取ることができます。

最新の調査結果（2003年の「第8回　家計と子育て費用調査」）によると、エンジェル係数は同様のサンプリング方法で調査を始めた1991年以来過去最低となる28.4％でした。昨今の不況の中、子育て費用を負担に思う家庭が増えていることが表れています。この数字を第1子の学齢別に見ると、子どもの年齢が上がるほどエンジェル係数が高くなり、第1子が高校生の場合、平均で39.3％と、家計支出の4割近くを占めるようになります（図47-1参照）。

●エンジェル係数算出方法

$$エンジェル係数 = \frac{子どものための支出額(月間)※}{家計支出額（月間）} \times 100$$

※「食料、医療、靴などの身のまわり用品、教育、医療、書籍、遊び、レジャー、おこづかい、預貯金、保険、その他」までを含めた支出額。

●図47-1　第1子学齢別エンジェル係数

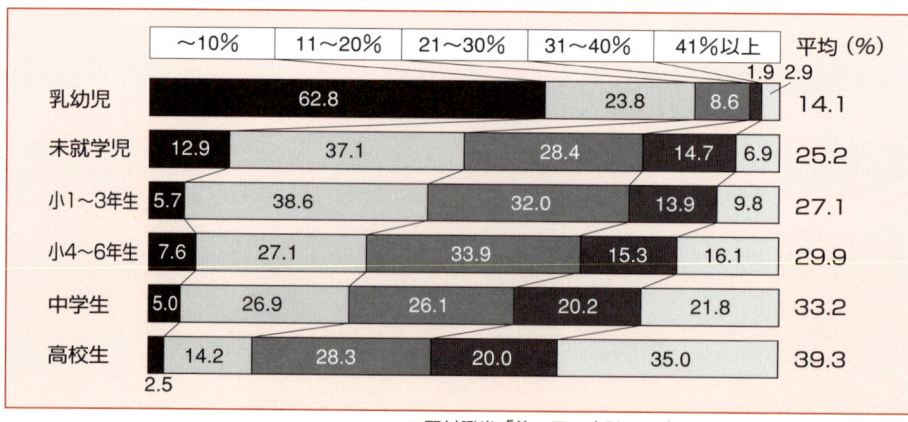

	～10%	11～20%	21～30%	31～40%	41%以上	平均(%)
乳幼児	62.8		23.8	8.6	1.9 / 2.9	14.1
未就学児	12.9	37.1	28.4	14.7	6.9	25.2
小1～3年生	5.7	38.6	32.0	13.9	9.8	27.1
小4～6年生	7.6	27.1	33.9	15.3	16.1	29.9
中学生	5.0	26.9	26.1	20.2	21.8	33.2
高校生	2.5	14.2	28.3	20.0	35.0	39.3

※野村證券「第8回　家計と子育て費用調査」（2003年）より

子どもにも伝えたい養育費のやりくり

　子どもにかかる費用のうち、教育費は、家庭の教育方針によってその金額にかなり違いが表れる項目です。それに比べると、食費や衣料費などの日常生活に必要な支出額は、そんなに大きくは変わらないでしょう。表47-2に、子どもひとり当たり1カ月にかかる主な費用の推定額を示しました。

　子どもは将来、親から離れて暮らすようになったときに、さまざまな費用項目の中から、どれが必要な支出で、どこが節約できる費用かを判断し、家計の中で賢くやりくりしていかなければなりません。そのときに必要なバランス感覚を養うためには、家計について日ごろからいろんなことを見聞きさせておくことがとても大切です。子どもの年齢に応じて、家計のやりくりの話をしたり、親の買い物の様子を見せたりして、家計からたくさんの費目にお金を支払っていることを感じさせてみてはどうでしょうか。

　子育てグッズ&ライフ研究会で実施したアンケートでは、「学費やお稽古事にかかる費用について子どもと話し合うことがありますか」という質問に「ない」と回答した人が6割近くいました。生活費や将来の教育費のことなども含めて、もっと話し合いたいものです。

●表47-2　子どもの1カ月間の養育費

食費	26,572円
衣料履物費	6,021円
保険医療費	4,207円
理美容費	2,347円

※「AIUの現代子育て経済考」（2001年、AIU保険会社の試算）より

親の価値観を伝えましょう

　子どもに「親がどのくらいお金を支払っているか」を話すと、子どもが負担に感じたり、恩着せがましく感じるのではないかと思う人もいます。このとき前提にしたいのは、「子どもだけでなく親にも経費がかかっている」ということです。

　子どもだけでなく、家族のみんながひとつの家計からお金を配分しながら生活しているというのは当然の事実です。またその配分には「親が何を大切に思っているか」という価値観も反映されています。その親の考え方も一緒に話してみましょう。

　また、子どもの経費だけを話題に取り上げるのではなく、ひとつの家計で生活する家族として、または子どもの将来のモデルのひとつとして、大人にかかる経費について伝えることも大切です。

第5章 子どもに関する経費をつかむ

48 子どもの教育費

教育費にいくらかけるかは、家庭の教育方針や価値観によって大きく異なりますが、どの家庭においても、子育て費用のうち、最もお金のかかる項目でしょう。では、どの程度の費用がかかるのか、統計で平均的な数字を見てみましょう。

教育費の占める割合

野村證券の「第8回 家計と子育て費用調査」（2003年。表48-1参照）によると、子どもの教育費は、子どもに関する支出の4割近く（37.7％）を占めています。家計全体に占める子育て費用の割合（エンジェル係数）自体は前回の調査より下がっていますが、教育費の割合は増加していることから、不況の中にあっても、教育費だけは控えたくないという傾向がわかります。

また、同調査によると、教育費にかけるお金は、地域別では京阪神より首都圏のほうが高く、主婦の年齢別では、年齢層が高くなるにつれ増加し、子どもの年齢で見ると、小学生より中高生のほうが高くなっています。

●表48-1　子どもにかかる月間費用

（第1子学齢別、単位：円）

	小学1-3年生	小学4-6年生
学校教育	5849.7	6440.7
学校以外の教育	4150.0	8411.9
習い事	9513.9	8148.3
身の回り品	2808.2	2941.5
遊び＆レジャー	2568.0	2960.2
おこづかい	181.1	490.7
子どもの携帯電話料金	35.2	211.0
おもちゃ	937.7	767.8
子どものための預貯金	4303.3	4368.6
子どものための保険	7079.5	7413.6

※野村證券株式会社「第8回　家計と子育て費用調査」（2003年）より

幼稚園、小学校に通う子どもの年間教育費は？

つぎに文部科学省の「平成14年度子どもの学習費調査」を見てみましょう。幼稚園や小学校に通う幼児、児童の保護者が1年間に支出した学習費を表48-2に示します。

表の数値は、幼児および児童全体の平均値ですが、小学生の支出額を学年別に見ると、入学準備に費用のかかる1年生と学習塾費などが増える6年生が比較的金額が多くなります。

さて、小学校入学準備にはどのくらいのお金がかかるのでしょう。東京都生活文化局の「入学時に準備する学用品等の費用調査」（2002年3月）によると、学習机やイス、ランドセル、入学式用のスーツ、文房具などをすべてデパートでそろえた場合に25万1000円、スーパーでそろえた場合は12万7000円となっています。

● 表48-2 幼稚園、小学校に通う子どもひとり当たりに保護者が支出した年間学校教育費

(単位：円)

区分	公立幼稚園	私立幼稚園	公立小学校
①学校教育費合計	124,112	346,134	53,448
授業料	73,863	234,094	—
修学旅行・遠足・見学費	3,033	3,892	6,174
学級・児童会・生徒会費	3,479	316	4,343
PTA会費	5,668	5,077	2,987
その他の学校納付金	3,314	41,667	1,321
寄付金	362	604	31
教科書費・教科書以外の図書費	1,596	2,335	1,631
学用品・実践実習教材費	8,172	11,610	16,657
教科外活動費	546	5,351	2,224
通学費	3,609	15,982	1,196
制服	3,420	6,316	3,088
通学用品費	10,142	9,568	10,366
その他	6,908	9,322	3,430
②学校給食費	14,871	27,322	39,302
③学校外活動費合計（A＋B）	93,969	145,582	199,528
A補助学習費	31,168	45,824	82,999
家庭内学習費	19,630	21,635	22,659
物品費	13,236	13,341	12,745
図書費	6,394	8,294	9,914
家庭教師費など	2,042	3,048	8,270
学習塾費	9,145	19,241	50,634
その他	351	1,900	1,436
Bその他の学校外活動費	62,801	99,758	116,529
体験活動・地域活動	1,208	3,323	5,333
芸術・文化活動	21,812	36,848	41,211
月謝など	15,215	24,501	31,839
その他	6,597	12,347	9,372
スポーツレクリエーション活動	20,448	31,618	40,144
月謝など	18,259	28,018	31,612
その他	2,189	3,600	8,532
教養・その他	19,333	27,969	29,841
月謝など	11,853	17,141	21,923
図書費	3,821	5,919	4,329
その他	3,659	4,909	3,589
学習費総額（①＋②＋③）	232,952	519,038	292,278

※文部科学省「平成14年度子どもの学習費調査」より

塾やお稽古事にかかるお金

　文部科学省の「平成14年度子どもの学習費調査」によると、公立小学校に通う児童の39.0％が塾に通い、25.9％が家庭教師を利用しています。これらを利用している人がそれぞれ塾や家庭教師へ支払った年間費用の平均は、塾が13万円、家庭教師が3万2000円でした。

　塾やお稽古事などの学校外活動費は、子どもにかかる費用のうち、最も負担を感じる費用です。お月謝以外の費用も意外と多くなりますので、本人や親の希望や教育の効果、実際にかかる費用なども、親子で話し合い、納得して受講するようにしたいものです。

第5章 子どもに関する経費をつかむ

49 将来かかる教育費

文部科学省の統計によると、2003年度の高校進学率は97.3％、大学・短大への進学率は49.0％です。入学金や授業料、受験準備のための塾や予備校など、進学にあたっての費用がどの程度かかるのか、統計の数字を見てみましょう。

中学・高校時代にかかる教育費

野村證券の「第8回 家計と子育て費用調査」（2003年）によると、子どもの年齢とともに家計全体の支出に対する子育て費用の割合が高くなっていることがわかりました（P110参照）。同調査では、子育て費用に負担を感じている人の割合は、小学校1〜3年生の64.8％から徐々に増え、中学で82.4％とピークを迎え、高校生でも76.7％と、その負担感が続くという結果も報告されています。

文部科学省の「平成14年度子どもの学習費調査」によると、教育費のうち最も金額がかかる項目は、私立では授業料、公立では学校外教育費です（表49-1参照）。これを学年別に見ると、進学準備や進学後の初年度納入金などに多くの費用がかかります（表49-2参照）。

●表49-1 中学校・高等学校における学校種別生徒ひとり当たりの年間平均学習費

(単位：円)

学校種	中学校		高等学校(全日制)	
	公立	私立	公立	私立
学校教育費	129,082	929,242	339,444	785,786
給食費	34,015	3,598	―	―
学校外教育費	274,321	298,879	188,751	244,783
年間合計	437,418	1,231,719	528,195	1,030,569

●表49-2 学年別平均家庭教師費、学習塾費

(単位：円)

	家庭教師費等		学習塾費	
	公立	私立	公立	私立
中学校平均支出額	34,184	45,287	161,043	105,880
第1学年	28,214	42,133	119,628	108,911
第2学年	34,126	44,967	128,721	98,860
第3学年	39,828	48,752	231,636	109,858
利用者の平均額	99,000	130,000	215,000	193,000
高等学校（全日制）平均支出額	23,330	29,170	73,360	109,295
第1学年	19,567	28,994	52,366	74,430
第2学年	23,861	28,321	58,049	82,491
第3学年	26,543	30,192	109,593	171,635
利用者の平均額	89,000	115,000	191,000	241,000

※文部科学省「平成14年度子どもの学習費調査」より。利用者の平均額は年間1円以上当該費用を支出している人の平均額。ただし1000円以下の値は概数。

大学時代の費用

入学初年度に必要な学費（表49-3参照）と大学生の生活費全体の収支（表49-4参照）を文部科学省の統計で見てみましょう。進学先が国立か私立かによって、また文系か理系かによって、さらには自宅から通うか親元から離れて生活するかで、支出総額は大きく異なります。

また、国民生活金融公庫総合研究所の調べ（「家計における教育費負担の実態調査」平成15年度）では、親元を離れて生活を始めるための費用（アパートの敷金や家財道具の購入費など）は入学者ひとり当たり平均45.6万円で、年間仕送り額は138万円となっています。

● 表49-3　大学の初年度学生納入金平均額

（定員ひとり当たり、単位：円）

	授業料	入学金	施設設備費	合計
国立大学(昼間部)	520,800	282,000	──	802,800
私立大学(昼間部)	807,400	283,300	202,300	1,293,000
文科系	697,900	267,000	173,000	1,137,900
理科系	961,100	281,100	216,400	1,458,700
医歯系	2,998,400	895,000	982,400	4,875,800
その他	897,600	312,000	257,400	1,466,900

※文部科学省調べ。2003年度の計数。

● 表49-4　大学生の生活費

（単位：円）

区分		自宅		下宿	
		国立	私立	国立	私立
収入	家庭からの給付	746,400	1,308,600	1,474,400	2,167,300
	奨学金	137,400	193,500	222,000	264,300
	アルバイト	332,500	421,900	306,700	323,900
	定職その他	64,600	105,600	53,600	105,900
	収入計	1,280,900	2,029,600	2,056,700	2,861,400
支出	授業料	468,700	867,700	473,100	916,100
	その他の学校納付金	7,800	240,500	9,300	267,000
	修学費	49,700	51,700	53,500	54,500
	課外活動費	44,600	44,800	47,700	51,500
	通学費	114,600	115,300	18,800	31,100
	学費小計	685,400	1,320,000	602,400	1,320,200
	生活費	443,200	490,200	1,264,900	1,293,600
	支出計	1,128,600	1,810,200	1,867,300	2,613,800

※文部科学省「平成14年度学生生活調査」より

ワンポイントアドバイス

子どもに伝えたい学費の重み

子どもを大学に進学させるためにかかる費用は非常に高額です。子どもが小さいころから早めに準備しておくのはもちろんですが、わずかでも子ども自身に準備させてはいかがでしょうか。お年玉や臨時のおこづかい、高校生くらいになればアルバイト料から一部を進学費用として積み立てておくのです。自分のお金で進学を決めた子どもは心構えが違い、有意義な学生生活を送ろうと心がけることでしょう。

第5章　● 子どもに関する経費をつかむ

第5章 子どもに関する経費をつかむ

50 子どものための保険

子どもの将来、あるいは事故や病気に備える保険、保護者の万が一に備える保険。子どものためにかける保険にはさまざまな種類があります。それぞれの特徴や保障内容をしっかり理解し、家庭のニーズに合った保険を選びたいですね。

親の万が一に備える保険

生命保険会社や郵便局で取り扱っている定期保険や終身保険、子ども保険などがこれにあたります。

これらの保険は保障額を高くすればするほど安心ですが、当然、その分支払う保険料も高くなります。万が一のときにいくら必要かはその家庭によって違います。おおよその必要額（生活費＋学費）から、もらえる遺族年金や貯金、資産（持ち家）などを差し引いて、どの程度の保障額が必要か見積もりましょう。掛け捨ての定期保険は保険料を低く抑えることができますが、掛け捨てのみが嫌なら、定期付終身保険がおすすめです。

また、母親の収入が家計の一部を支えているような場合は、女性でも死亡保障付きの生命保険に加入しておきたいものです。専業主婦の場合は死亡保障よりも医療保障を重視することをおすすめします。

子どもの誕生を機に、保険の外交員から契約内容を見直すよう提案されることがあります。しかし、加入していた保険商品を別のものに変える（転換する）には、死亡保障額を上げることを条件としている保険会社がほとんどです。魅力ある特約につられて安易に転換してしまう前に、つぎの点によく注意しましょう。

①保険料は契約終了まで変わらないか
②払い込み期間は伸びていないか
③終身保険部分が減っていたり、定期保険部分とのバランスが悪くなったりしていないか

子どもが成長すれば、それだけ必要な保障額も減ります。無駄な死亡保障にお金を払わないよう、十分に検討しましょう。

●表50-1　保障を目的とした保険の種類

種類	目的	特徴
定期保険特約付終身保険	遺族生活資金の確保	死亡保障が一生涯続く「終身保険」に一定期間の死亡保障を行う「定期保険特約」を組み合わせたタイプ
養老保険	遺族生活資金と老後生活資金を同時に確保	満期の場合も死亡の場合も同額の保険金が受け取れるタイプ
変額保険	運用実績に応じた保障の確保	運用実績によって受け取る保険金が増減するタイプ
医療保険	医療資金の確保	病気やケガで入院したり、所定の手術を受けた場合に給付金が受け取れるタイプ

学費を貯める保険

生命保険会社や郵便局が取り扱っている子ども保険がこれにあたります。

たいていの子ども保険は、契約者に万が一のことがあった場合の保障に備える保険料が含まれているため、払い込んだ保険料より受け取る祝金の額が少なくなっています。また、ここ数年の不況の影響で、保険会社の運用実績が悪化し、配当金も予定利率を下回ることが多いため、銀行の定期預金でコツコツ積み立てたほうが確実だと思う方もいらっしゃるでしょう。

銀行の積立預金は利息がつくことが最大のメリットですが、積立途中に挫折する可能性が高いとも言えます。その点、子ども保険は中途解約するととても損になるため、気軽には解約できないというメリットもあります。そういうメリットも考え、ご自分に合った方法を考えてはいかがでしょうか。

● 図50-2　子ども保険のしくみ

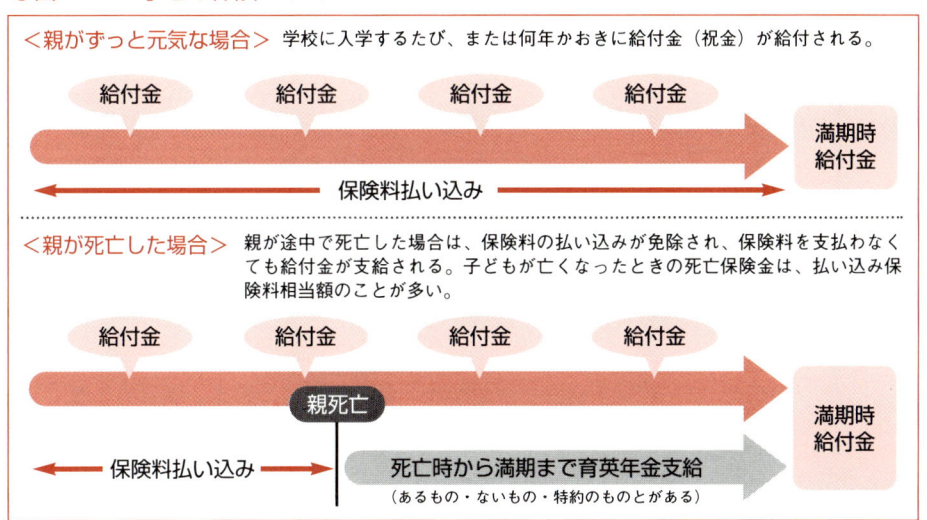

＜親がずっと元気な場合＞　学校に入学するたび、または何年かおきに給付金（祝金）が給付される。

給付金　給付金　給付金　給付金　満期時給付金
保険料払い込み

＜親が死亡した場合＞　親が途中で死亡した場合は、保険料の払い込みが免除され、保険料を支払わなくても給付金が支給される。子どもが亡くなったときの死亡保険金は、払い込み保険料相当額のことが多い。

給付金　給付金　給付金　給付金　親死亡　満期時給付金
保険料払い込み　死亡時から満期まで育英年金支給
（あるもの・ないもの・特約のものとがある）

不慮のトラブルや事故、病気に備える保険

● 賠償保険

子どもがハイハイを始めるころにはぜひ入って欲しい保険のひとつが賠償保険です。自転車に乗ったり戸外で遊んだりすることが多くなる小学生ともなれば、加害者としての責任を問われ、高額な賠償金を要求されることもでてきます。

賠償保険は、単独で扱っているところはあまりなく、医療保険や火災保険、自動車保険などに特約でつけるタイプがほとんどです。ひとつ加入すれば家族全員がカバーされることも多いので、契約内容を確認しましょう。

● ケガや病気に備える保険

入院や手術、通院給付が受けられる医療保険には、終身保険などに特約でつけるタイプと単独で入るタイプがあります。親の保険にファミリー特約をつけると、子どもが何人でも同じ保険料で入れます。入院のみか通院もカバーされるのか、入院の場合は何日目から保険金がおりるのか、ケガと病気でおりる金額に差があるかなど、保障内容について十分検討しましょう。

※賠償保険、医療保険は損害保険会社や各種共済、生命保険会社の一部で取り扱っています。

COLUMN 5

賢く利用したい各種助成制度

　子どもを持つ家庭が受けられる支援には、まず、生活全体への経済的支援として「児童手当制度」があります。医療費では、「乳幼児医療費助成」や特定の疾病を対象とした各種医療費給付制度があります。

　学費支援では、私立幼稚園に通う園児への保育料補助制度、小・中学生で経済的な理由で困っている家庭には就学費補助制度（学用品、修学旅行費、給食費などへの援助）があります。高校生には、自治体による学費の貸付や奨学金のほか、日本学生支援機構（2004年4月に日本育英会から移管）の奨学金、各校での学費の減免制度などがあります。大学、専門学校などでも、学校ごとに減免制度があるほか、奨学金も、学校独自のもの、日本学生支援機構、自治体や地方公共団体、民間団体のもの、新聞配達をして奨学金をもらう新聞奨学制度などがあります。

　このほか、主にシングルマザーを対象にした「児童扶養手当」や貸付、ひとり親家庭など（父親など含む）への医療費助成もあります。こうした助成は申告制のものが多いので、知らなければ対象者であっても利用しないままで終わることもあります。

　以上の制度はおおむね全国で共通ですが、各自治体などによって制度の有無、名称、条件、取り扱い部署、手続きなどが異なります。お住まいの地区の市区町村役所のほか、社会福祉協議会、教育委員会や在籍する学校、進学を希望する学校などで確認してください。

付録1　子どもとお金に関するアンケート調査結果

I．調査概要

◎調査内容：子どもにお金を与えることについての考えやその理由、お金の与え方、子どもとお金に関する話し合いを持つかなどについて、自由記述を中心に回答を求めた
◎調査時期：2001年2月～3月上旬
◎調査対象：幼稚園児以上の子どもをひとり以上持つ家庭
◎調査方法：子育てグッズ＆ライフ研究会のメンバーが友人・知人を通じて配布・回収
◎調査地域：東京を中心とした関東地域、名古屋を中心とした中部地域、大阪を中心とした関西地域、山形地域
◎回収サンプル数：有効回答120票

II．調査結果

i．調査対象の概要

◎調査対象児の学年
- 幼稚園 …………………… 20人 (16.7%)
- 小学1・2年生 …………… 37人 (30.8%)
- 小学3・4年生 …………… 38人 (31.7%)
- 小学5・6年生 …………… 24人 (20.0%)
- 無回答 …………………… 1人 (0.8%)

◎性別
- 男子 ……………………… 59人 (49.2%)
- 女子 ……………………… 61人 (50.8%)

◎子の順
- 第1子 …………………… 96人 (80.0%)
- 第2子 …………………… 21人 (17.5%)
- 第3子 …………………… 1人 (0.8%)
- 第4子 …………………… 1人 (0.8%)
- 不明 ……………………… 1人 (0.8%)

◎兄弟姉妹
- ひとりっ子 ……………… 24人 (20.0%)
- 兄 ………………………… 11人 (9.2%)
- 兄／弟 …………………… 1人 (0.8%)
- 姉 ………………………… 7人 (5.8%)
- 弟 ………………………… 36人 (30.0%)
- 妹 ………………………… 32人 (26.7%)
- 妹／弟 …………………… 1人 (0.8%)
- 不明 ……………………… 8人 (6.7%)

◎父親の職業および平均年齢
- 会社員 …………………… 90人 (75.0%)
- 公務員／教員 …………… 15人 (12.4%)
- 自営業 …………………… 6人 (4%)
- その他 …………………… 4人 (3.3%)
- 離婚 ……………………… 1人 (0.8%)
- 無回答 …………………… 4人 (3.3%)

※平均年齢40.53歳／中央値40歳／最頻値40歳

◎母親の職業および平均年齢
- 主婦 ……………………… 76人 (63.3%)
- 会社員 …………………… 9人 (7.5%)
- 公務員 …………………… 3人 (2.5%)
- 自営業 …………………… 3人 (2.5%)
- パート／アルバイト …… 18人 (15.0%)
- その他 …………………… 8人 (6.7%)
- 無回答 …………………… 3人 (2.5%)

※平均年齢37.76歳／中央値38歳／最頻値40歳

◎祖父母との同居
- 同居 ……………………… 17人 (14.2%)
- 非同居 …………………… 99人 (82.5%)
- 無回答 …………………… 4人 (3.3%)

ii. 結果

①子どもにおこづかいをあげていますか？
- a. 定額をあげている ……………… 34人（28.3%）
- b. おだちんやごほうびなど何かの報酬として与えている ……… 13人（10.8%）
- c. 決まった額はあげていない … 55人（45.8%）
- d. a＋b ……………………………… 11人（9.2%）
- e. a＋c ……………………………… 5人（4.2%）
- f. b＋c ……………………………… 1人（0.8%）
- g. a＋b＋c ………………………… 1人（0.8%）

②お手伝いの報酬としておこづかいをあげることについてどう思いますか？
- a. よい ……………………………… 13人
- b. 場合によってはよい …………… 75人
- c. 望ましくない …………………… 30人
- 無回答 ……………………………… 2人

③おこづかいの使いみち（複数回答）
- a. お菓子、ジュース ……………… 36人
- b. おもちゃ、ゲーム ……………… 43人
- c. 文房具 …………………………… 29人
- d. 雑誌、書籍 ……………………… 36人
- e. 衣服、アクセサリー …………… 4人
- f. プレゼント ……………………… 18人
- g. バス、電車などの交通費 ……… 0人
- h. 携帯電話などの通信費 ………… 1人
- i. 貯金 ……………………………… 27人
- j. 募金 ……………………………… 13人
- k. その他 …………………………… 0人

④子どもだけでお買い物に行くことはありますか？（複数回答）
- a. 親がおつかいを頼んだとき …… 39人
- b. 買う物を前もって告げ、親の許しを得たとき ……………………… 32人
- c. 自由に店に出かけている ……… 8人
- d. ない ……………………………… 30人

⑤子どもの学費やお稽古事にかかる経費について、子どもと話し合うことはありますか？
- a. ある ……………………………… 48人（40.0%）
- b. ない ……………………………… 68人（56.7%）
- 無回答 ……………………………… 4人（3.3%）

⑥消費税や利子など、お金の役割やしくみについて子どもと話し合うことはありますか？
- a. ある ……………………………… 72人（60.0%）
- b. ない ……………………………… 43人（35.8%）
- 無回答 ……………………………… 5人（4.2%）

⑦おこづかいをあげている親から見たよい点・悪い（失敗）点

a. おこづかいをあげてよかった点
- ・お金の大切さや使いみちを考えるようになった ……………………… 28人
- ・ガマンすることをおぼえた …… 12人
- ・お金を工夫して使うようになった ……………………………… 8人
- ・計算に強くなった ……………… 3人
- ・友人や家族へのプレゼントを買った ……………………………… 1人
- ・自由にお金を使うことを楽しんでいるようだ ………………………… 1人
- ・自分に自信をつけたようだ …… 1人

b. 悪かった点
- ・お金に執着したり、換算したりするようになった（ケチ臭くなった） ……… 9人
- ・もらったお金を全部を使いきったことがある ……………………… 6人
- ・マンガやお菓子などにお金が消えてしまう ……………………… 5人
- ・特になし ………………………… 14人

付録2　子どものお買い物に関するアンケート調査結果

I. 調査概要
◎調査内容：子どもがどのような買い物体験をしているかを具体的に検証するために、子ども自身にアンケートに答えてもらった
◎調査時期：2002年2月～3月
◎調査対象：自分自身で回答を記入できる小学2年生～4年生
◎調査方法：子育てグッズ＆ライフ研究会のメンバーが友人・知人を通じて配布・回収
◎調査地域：東京を中心とした関東地域、名古屋を中心とした中部地域、大阪を中心とした関西地域、山形地域
◎回収サンプル数：125票中、有効回答118票

II. 調査結果
i. 調査対象の概要

	小2	小3	小4	合計
女	14人	25人	12人	51人
男	15人	28人	24人	67人
合計	29人	53人	36人	118人

ii. 結果
①子どもだけでお買い物をしたことがありますか？

	小2	小3	小4	合計
ある	25人	51人	34人	110人
ない	4人	2人	2人	8人

②初めてお買い物に行ったのはいつですか？（110人中）
a. 小学校に入る前 ……………… 25人（22.7%）
b. 1年生 ……………………… 33人（30.0%）
c. 2年生 ……………………… 34人（30.9%）
d. 3年生 ……………………… 15人（13.7%）
e. 4年生 ……………………… 3人（2.7%）

③だれと行っていますか？

	ある	ない	無回答	合計
a. ひとりで	88人	14人	8人	110人
b. 兄弟姉妹と	71人	27人	12人	110人
c. お友だちと	74人	23人	13人	110人

④どんなときにお買い物に行きますか？（自由回答・複数回答）
a. 自分のおやつやおもちゃを買うとき… 77人
b. 文房具(ノートやえんぴつ)を買うとき
　………………………………………… 75人
c. 遠足のおやつを買うとき …………… 60人
d. おつかいを頼まれたとき …………… 95人

⑤どんなものを買っていますか？（自由回答・複数回答）
a. 肉、魚、野菜、惣菜、パンなど ……… 70人
b. 牛乳 ………………………………… 44人
c. 菓子 ………………………………… 39人
d. 文具、本 …………………………… 25人
e. その他薬、たばこ、クリーニングなどの回答

⑥どんな店に行っていますか？（110人中）
a. スーパーマーケット ………………… 69人
b. コンビニエンスストア ……………… 69人
c. 100円ショップ ……………………… 27人
d. その他家の近くの店、書店、ドラッグストア、デパートなどの回答

⑦どのくらい行きますか？（最大数の回答）
a. だいたい毎日 ………………………… 0人
b. 1週間に1回くらい ………………… 14人
c. 1ヵ月に1回くらい ………………… 26人
d. 1年間に2～3回くらい …………… 20人

⑧そのときに、困ったことはありますか？
（110人中）
a. 全部でいくらになるかわからなかった
　　　　　　　　　　　　　　　……… 32人
b. 消費税の計算がわからなかった　…… 49人
c. 頼まれたものが合っているか心配だった
　　　　　　　　　　　　　　　……… 42人
d. 商品が高いところにあってとれない
　　　　　　　　　　　　　　　……… 12人
e. その他お金が足りなかった、商品の場所がわからなかった、何を買ったらいいかわからなかったなどの回答

＜自分の買い物に行ったことがある人に聞きます＞
⑨どんなものを買っていますか？（105人中）
a. おやつ　……………………………… 86人
b. おもちゃ（カード、マスコットなど）
　　　　　　　　　　　　　　　……… 71人
c. 文具（えんぴつ、ノートなど）…… 78人
d. 本、マンガ、雑誌など　…………… 61人
e. その他おにぎり、パン、友人へのプレゼントなどの回答

⑩どんな店で買いますか？（107人中）
a. スーパーマーケット　……………… 66人
b. コンビニエンスストア　…………… 73人
c. 100円ショップ　…………………… 40人
d. 近くのお菓子屋さん　……………… 53人
e. その他書店、文具店などの回答

⑪どのくらい行きますか？
a. だいたい毎日　……………………… 0人
b. 1週間に1回くらい　………………… 17人
c. 1カ月に1回くらい　………………… 24人
d. 1カ月に2回くらい　………………… 16人
e. 1カ月に3回くらい　………………… 11人
f. 1年間に2回くらい　………………… 6人
g. 1年間に3回くらい　………………… 6人

⑫お店で買うときには、どうやって品物を選びますか？（108人中）
a. いつも買うもの　…………………… 53人
b. テレビのコマーシャルで見たもの … 40人
c. 本や雑誌で見たもの　……………… 31人
d. お店で見て欲しいと思ったもの … 85人
e. 好きなキャラクターがついているもの 40人
f. 友だちが持っていたもの　………… 52人
g. その他人から聞いたものなどの回答

⑬1回のお買い物にいくらくらい使いますか？（103人中、回答数の多いものから5つ）
1. 100円〜500円　……………………… 17人
2. 100円〜200円　……………………… 10人
3. 100円〜300円　……………………… 6人
4. 100円〜1000円　…………………… 5人
5. 500円〜1000円　…………………… 5人
最高額：2000円

⑭自分でお買い物をして、困ったことはありますか？（106人中）
a. 全部でいくらになるかわからなかった
　　　　　　　　　　　　　　　……… 30人
b. お金が足りるか心配だった　……… 47人
c. 消費税の計算がわからなかった …… 53人
d. こんなモノを買ったら、お父さんやお母さんに叱られるのではないかと心配だった
　　　　　　　　　　　　　　　……… 36人
e. その他欲しいモノが売り切れていた、何を買っていいのかわからなくなったなどの回答

⑮友だちからモノを買ってもらったり、買ってあげたりしたことがありますか？

	ある	ない	不明	合計
買ってもらったこと	28人	74人	6人	108人
買ってあげたこと	30人	72人	6人	108人

参考文献 資料

『21世紀の生きる力を考える 金銭教育のすすめ』こどもくらぶ編／武長脩行監修／今人舎
『お金の大切さがわかる本① うちのお金はどこからくるの？ 家計と消費』永井　進編／ポプラ社
『お金の大切さがわかる本④ 銀行預金と郵便貯金はどうちがうの？ 金融機関の仕事』永井　進編／ポプラ社
『町のふしぎ探検 暮らしとお金。』消費者教育研究会監修／日本消費者金融協会編・発行
『イラスト版お金のしごと 子どもとマスターする46のお金の知識』西村隆男編著／合同出版
『子どもに教えたいお金の話』エードリアン・G・バーグ、アーサー・バーグ・ボシュナー著／池村千秋訳／PHP研究所
『暮らしと金融なんでもデータ』金融広報中央委員会
『金融に関する消費者教育の推進にあたっての指針（2002）』金融広報中央委員会
『こどもとお金＝わが家の金銭教育＝』金融広報中央委員会
『お金は木にならない』ニール・S・ゴドフリー著／武長脩行監訳／東洋経済新報社
『こども消費者―自立のためのワンステップ』全国消費生活相談員協会編・発行
『お金について考える―身につけよう！ 21世紀に生きる力　1～3』こどもくらぶ編著／武長脩行監修／鈴木出版

金融広報中央委員会HP「マネー情報 知るぽると」
　http://www.shiruporuto.jp/
日本司法書士会連合会HP「暮らしを守る印鑑の知識」
　http://www.shiho-shoshi.or.jp/shuppan/books/inkan/index.htm
日本デビットカード推進協議会HP
　http://www.debitcard.gr.jp/about/index.html
日本クレジット産業協会HP
　http://www.jccia.or.jp/
尼崎信用金庫HP「世界の貯金箱博物館」
　http://www.amashin.co.jp/sekai/p2.htm
ニッキン（金融総合情報機関）HP
　http://www.nikkin.co.jp/
郵便貯金HP
　http://www.yu-cho.japanpost.jp/
保険選びネットHP
　http://www.hoken-erabi.net/index.htm
NIKKEI NET HP「マネー＆マーケット」
　http://markets.nikkei.co.jp/rate/ratelist/
文部科学省HP
　http://www.mext.go.jp/
国民生活金融公庫HP
　http://www.kokukin.go.jp/

あとがきにかえて ── なぜ、いまお金の教育が必要か

子どもの心が荒れてきたのはお金のせい？

　子どもの心が荒れはじめた、と言われてから久しくたちます。子どもがモノを大切にしなくなった、お友だちと同じ流行りのゲームやファッションをそろえられない子が仲間はずれになった、というような話は日常的に見聞きします。携帯電話やブランド商品欲しさに売春まがいの行為をしたり、遊ぶ金欲しさに少年犯罪に及んだというニュースも、枚挙にいとまがありません。

　こうした社会現象を嘆き、「豊かになり、お金で何でも買える時代になったのがいけない」と言う人たちがいます。教育現場では、「お金と心を切り離せばよい」とばかりに、心だけを取り上げて子どもたちを教育しようという流れの中、道徳教育が声高に叫ばれ、ボランティアやモノづくりが推奨されています。

　しかし、現実の社会に目を向けるとどうでしょう。世間では仕事を持つ母親がますます増え、多くの母親は、経済的、あるいは時間的制約の中で家事や育児に追われています。この流れは加速こそすれ、後もどりはできません。「もっとお金があれば車が買い換えられるのに」、「日当たりのいいマンションに引っ越したいわ」などとつい口にしながら、手づくりより既製品のほうが安上がりならそちらを選び、子どもの喜ぶ顔見たさにモノを買い与えたり外食したり……というのが現実ではないでしょうか。そんな日々の暮らしの中で大人たちが「お金より心が大切」と言ったところで、子どもたちの心には響かないでしょう。子どもは、時間とお金をてんびんにかける大人の建前を見抜いています。

　高度成長期には、働けば働くだけ収入も増えました。それがいつしか、心を量る尺度として用いられるようになったのでしょうか。愛情や責任というような、本来お金には代えられないことまで、お金でかたをつけられると思わせることが、いまの世の中にはたくさんあります。

　心の豊かさが失われた原因は、「お金」という存在でも、進展した消費社会でもありません。お金で何でも解決し、心をお金に置き換えてきた大人にあるのではないでしょうか。稼ぐこと、貯めることには熱心でも、使い方に注意を向け、考えてこなかったツケが子どもに回ってきているのかもしれません。

消費者としての子ども

　日本には古くから、モノやお金にこだわることを品のないこととし、精神的なことを尊いものとして重んじる文化があります。そのため、子どもには、お金のことを考えさせるよりも、友だちと外で遊ばせたり勉強させたり、もっと先に考えさせるべきことがたくさんあると思われてきました。金銭感覚は大人になれば自然と身に付くから、子どもにお金の教育は必要ないというわけです。

　以前なら、給料日には分厚い茶封筒を手渡す父親の姿や、それをうやうやしく受け取り、家計簿とにらめっこしながら使途に分ける母親の姿は、どこの家庭でも見られた光景です。しかしいまでは、口座に振り込まれた給料を母親がカードで引き出す姿しか、子どもは目にすることはありません。スーパーマーケットに行けば、カードをレジに通すだけで、現金の受け渡しをせずに買い物ができます。

　また、顔なじみの近所の商店街が姿を消し、郊外のショッピングセンターやアルバイト店員しかいないコンビニが増加するにつれ、安心して子どもにおつかいを頼んだり、子ども同士でお菓子や文房具を買いに行くことも少なくなりました。お金は働いて得るものであること、使えばなくなることといった基本を身に付けることも難しい時代なのです。

　一方で、子どものまわりには、欲望をそそる刺激が満ちています。子どもは、消費社会においてはお客さま、すなわち消費の主役として実際に存在しています。

　子どもは法律で保護されていますから、稼ぐことができません。しかし、稼ぐ前に使うことを覚えるのが、いまの子どもの現実なのです。待ったなしに、消費社会の海原をおぼれずに泳ぐことのできる力をつけなければならないときに来ていると言えるでしょう。

子どもに体感させたいお金の価値

　若者の離職率の高さやフリーターの増加が社会的な問題となっています。工業化が進み、モノが大量生産されるようになった高度成長期以降、お金とは「働く時間と引き換えにもらうもの」と考えられるようになりました。こうした社会に育つ子どもたちは、自分が社会の中で果たす役割を想像することが難しく、成し遂げた仕事の対価としてのモノサシを教わる機会がありません。

　一方、購入時には、安さや量などを基準とする損得のモノサシが主流となっています。また、好みに合うかどうかといった主観的なモノサシもあります。これからは、安全性や環境への影響、外国との関係など、背後にあるものを推し量るモノサシも必要とされるでしょう。

　お金の価値は、自分の中にこうしたモノサシをしっかりと持ち、モノやサービスに透けて見える努力や汗、費やした時間を体感してこそ、本当に理解することができます。親にできることは、子どもが失敗しないように管理することではなく、自分なりのモノサシを身に付ける機会を与えることではないでしょうか。

　本書が、お金を使うことしか知らない子どもたちに、お金を手に入れることの大変さ、そしてお金のありがたみを伝えるための一助となれば幸いです。

水谷千佳（子育てグッズ&ライフ研究会）

【編者】子育てグッズ&ライフ研究会
全国25名のメンバー全員が消費生活アドバイザーの資格を持つ母親グループ。1994年の発足より、育児グッズやサービス、教育、安全など子育て全般について調査・研究を行っている。研究結果は小冊子「ちいさい目　大きい手」のほか各種出版物、ホームページにまとめられている。
http://www012.upp.so-net.ne.jp/kosodateken/index.htm

【執筆者一覧】（50音順）
飯倉和代　池ノ谷智子　稲垣祐子　稲熊裕子　浦辻いづみ　木村珠代
倉田由紀子　小林三和子　斎藤尚子　下田美緒　高橋俊乃　平野理華
藤原典子　前田明美　水谷千佳　南　裕子　薮田朋子

【漫画家】寺島令子
京都市生まれ。立命館大学在学中にヤングマガジン「チルドレンプレイ」（講談社）で漫画家デビュー。ほのぼの四コマ漫画家として『うどんランド』（チャンネルゼロ）『愛の若草山物語』（竹書房）、猫漫画家として『ただすけ日記』『くろくま日記』（どちらも竹書房）などの日常をネタにした作品を描く一方で、コンピューター関連の挿絵やエッセイ漫画でも活躍。

お金のしつけと子どもの自立
金銭感覚を身につけさせる50のポイント

2004年8月10日　　第1刷発行

編　者　　子育てグッズ&ライフ研究会
発行者　　上野良治
発行所　　合同出版株式会社
　　　　　東京都千代田区神田神保町1-28
　　　　　郵便番号 101-0051
　　　　　電話：03（3294）3506　FAX：03（3294）3509
　　　　　URL：http://www.godo-shuppan.co.jp/
　　　　　振替：00180-9-65422

マンガ　　　　　　寺島令子
カバーデザイン　　守谷義明＋六月舎
本文デザイン　　　（株）スタジオアトム
編集協力　　　　　（株）ノボックス
印刷・製本　　　　新灯印刷株式会社

■刊行図書リストを無料送呈いたします。　■落丁乱丁の際はお取り換えいたします。
本書を無断で複写・転訳載することは、法律で認められている場合を除き、著作権及び出版社の権利の侵害になりますので、その場合にはあらかじめ小社あてに許諾を求めてください。

ISBN4-7726-0329-8
©子育てグッズ&ライフ研究会, 2004

イラスト版台所のしごと
子どもとマスターする37の調理の知識　坂本廣子（サカモトキッチンスタジオ）〔監修〕

98年／26×18㎝／112ページ／1600円

台所でのしごとを通して、親子のコミュニケーションを深め、自立を促しましょう。

イラスト版お金のしごと
子どもとマスターする46のお金の知識　西村隆男（横浜国立大学助教授）〔監修〕

99年／26×18㎝／112ページ／1600円

子どもたちにお金の働きを教えることで、現実社会への豊かな認識を育てましょう。

イラスト版学習のこつ
子どもとマスターする49の学習動作　谷田貝公昭＋村越晃〔監修〕

01年／26×18㎝／112ページ／1600円

学級崩壊・学力低下になる前に。イラストで子どもと学ぶ学習の基本全49項目。

イラスト版子どもの事故予防
子どもを守る46の生活の知恵　山中龍宏〔監修〕　子育てグッズ研究会〔著〕

01年／26×18㎝／112ページ／1600円

すぐ実行でき、習慣づけられる、子どもを守るための事故予防の知恵が満載。

イラスト版ロジカル・コミュニケーション
子どもとマスターする50の考える技術・話す技術　三森ゆりか〔監修〕

02年／26×18㎝／112ページ／1600円

論理的で知的な話し方、書き方のコツは？　親と子のための言葉のトレーニング方法をイラストで紹介。

イラスト版こころのコミュニケーション
子どもとマスターする49の話の聞き方・伝え方　有元秀文＋輿水かおり〔監修〕

03年／26×18㎝／112ページ／1600円

友だちの話をきちんと聞いてあげる。自分の気持ちをうまく表現する。こころ豊かな子どもを育てる一冊。